D1931347

Geyer/Ronzal · Führen und Verkaufen in der Zweigstelle

Günther Geyer
Wolfgang Ronzal

Führen und Verkaufen in der Zweigstelle

100 Erfolgstips für Kreditinstitute

GABLER

CIP-Titelaufnahme der Deutschen Bibliothek

Geyer, Günther:
Führen und Verkaufen in der Zweigstelle :
100 Erfolgstips für Kreditinst./
Günther Geyer ; Wolfgang Ronzal. –
Wiesbaden : Gabler, 1988.
ISBN 3-409-14729-2
NE: Ronzal, Wolfgang:

Der Gabler Verlag ist ein Unternehmen der Verlagsgruppe Bertelsmann

© Betriebswirtschaftlicher Verlag Dr. Th. Gabler GmbH, Wiesbaden 1988
Lektorat: Karlheinz Müssig

Das Werk einschließlich aller seiner Teile ist urheberrechtlich geschützt. Jede Verwertung außerhalb der engen Grenzen des Urheberrechtsgesetzes ist ohne Zustimmung des Verlages unzulässig und strafbar. Das gilt insbesondere für Vervielfältigungen, Übersetzungen, Mikroverfilmungen und die Einspeicherung und Verarbeitung in elektronischen Systemen.

Satz: Roddert Fotosatz, Mainz
Druck: C. W. Niemeyer, Hameln
Buchbinder: Gehring, Bielefeld
Printed in Germany

ISBN 3-409-14729-2

Vorwort

Eine Schlacht kann nur dann erfolgreich geschlagen werden, wenn der richtige Gefechtsplan erstellt, weitergegeben und von den Unterführern und Mannschaften in wiederum eigener Entscheidung umgesetzt wird.

Zwei Dinge sind also maßgebend: Der grundsätzliche, alle Umstände beachtende, allgemeine Plan und das aktive, initiative Umgehen mit den Mitteln, die im Rahmen des Planes zur Verfügung gestellt werden.

Diese Einführung klingt militärisch. Im Verdrängungswettbewerb in engen Märkten gelten diese Regeln jedoch auch für jeden Wirtschaftsbereich.

Wir können nun den allgemeinen, strategischen Plan als Marketing übersetzen und die taktische Umsetzung vor Ort als Verkauf.

Ohne den Verkauf, den eigentlichen Absatz, der sich aus einer ungeheuren Anzahl von Einzelmaßnahmen zusammensetzt, ist jedes Unternehmen und jedes Geldinstitut zum Scheitern verurteilt. Das Unternehmen ist aber auch zum Scheitern verurteilt, wenn es beim Verkauf nur von unsystematischen Einzelaktivitäten leben will. Deshalb benötigt es das Marketing als übergeordneten Ordnungsfaktor.

Das Zusammenspiel zwischen Marketing und Verkauf ist in vielen Kreditinstituten hervorragend organisiert. In vielen fehlt es jedoch immer noch an der Qualität des Marketings, in anderen an dem *systematischen* Verkaufen und bei den meisten an der Integration des Verkaufs mit dem Marketing.

Weshalb viele Unternehmen trotz solcher Mängel nicht scheiterten, ist in ihren Mitarbeitern begründet. Die jeweiligen Verkaufsverantwortlichen machten – gestützt auf Intuition und Gespür – ihr eigenes Marketing. (Eine Form, die so lange erfolgreich ist, wie solche Mitarbeiter vorhanden sind.)

Viele Mitarbeiter dagegen fühlen sich nicht als Verkäufer, sondern eher als Verwalter. Sie benötigen Hilfestellungen, die Ziele der Bank aktiver zu erreichen, besonders wenn es darum geht, die Marktziele zu verwirklichen. Eine solche wirkliche Unterstützung ist aber selten festzustellen.

Die mangelnde Hilfestellung ist aus dem Zeitgeist verständlich. Marketing ist „in", Verkauf ist „out". So gibt es an deutschen Universitäten sehr viele Personen, die sich in ihrem Forschungsspektrum auf strategisches Marketing spezialisieren, aber kaum einen, der sich systematisch mit praktischem Verkauf beschäftigt. Von 1970 bis 1979 beschäftigte sich auch die Nürnberger Akademie für Absatzwirtschaft im wesentlichen nur mit den Fragen des strategischen Marketing. Aber immer häufiger tauchte dann in den Gesprächen mit den Teilnehmern die Frage auf: „Was nützen alle unsere Bemühungen, wenn sie an der Verkaufsfront nicht umgesetzt werden?".

Dies war Anlaß, sich der Problematik stärker anzunehmen. Zum einen mit einem Seminar über strategische Filial- bzw. Vertriebssteuerung. Zum anderen mit einem Seminar für Zweigstellen- und Filialleiter von Banken und Sparkassen. Bis heute (Juli 1988) haben rund 1500 Zweigstellenleiter das Seminar besucht.

In diesen Seminaren wurde bestätigt, was vermutet wurde. Wenn der Satz „business is local" stimmt, dann ist der Zweigstellenleiter oder die Zweigstellenleiterin, der Frauenanteil nimmt zu, *die wichtigste* Person im Erfolgskonzept eines Geldinstituts. Voraussetzungen dazu sind:

Der Filialleiter muß die vorgegebenen Marketingpläne verstehen.

Der Filialleiter muß die vorgegebenen Marketingpläne innerlich akzeptieren.

Der Filialleiter muß von den Marketingplänen motiviert werden.

Obiges wurde auf vielen Seminaren und Kongressen ausreichend diskutiert, akzeptiert und für richtig befunden. Maßnahmen, obige Voraussetzungen zu schaffen, blieben jedoch die Ausnahmen.

Der Zweigstellenleiter ist auch *Herr in seinem Markt:*

- Er muß die Marketingpläne umsetzen in konkrete Maßnahmen mit und durch seine Mitarbeiter. (FÜHREN)
- Er muß für eine effiziente Arbeit in der Zweigstelle Sorge tragen. (ARBEITSTECHNIKEN)
- Er ist dafür verantwortlich, daß seine Mitarbeiter bei Kundengesprächen die Bank richtig herausstellen. (ARGUMENTATION)
- Er ist dafür verantwortlich, daß daraufhin auch ein Abschluß erfolgt. (VERKAUFEN)
- Er muß dafürsorgen, daß das Umfeld und das Geschäftsklima gegenüber dem Kunden am Ort *seines* Verkaufs stimmt. (ZWEIGSTELLE)
- Er ist aufgerufen, in seinem speziellen Markt, marktspezifische Maßnahmen initiativ einzuleiten. (VERKAUFSFÖRDERUNG)

Diese Summe der Aufgabenfelder vor Ort des Bankvertriebs war für die Nürnberger Akademie für Absatzwirtschaft 1986 Anlaß, den Beratungsbrief

„Erfolgreicher Führen und Verkaufen in der Zweigstelle"

herauszugeben. Der Erfolg überraschte. Die Bestätigung kam nach einem Jahr, als 98% der Abonnenten ihre Bestellung verlängerten.

Geldgeschäfte sind diskrete, häufig komplizierte Geschäfte, die eines besonderen Vertrauensverhältnisses bedürfen. Kontakt- und Beratungsqualität sind die Elemente, die eine Bank oder Sparkasse dem Austausch durch Automatisierung und der Angleichung der Produkte und Dienstleistungen entgegensetzen kann.

Trotz aller technischer Neuerungen kann Kontakt- und Beratungsqualität aber nur durch Menschen gestaltet werden – eben durch die Mitarbeiter in den Zweig- und Geschäftsstellen.

Als Zweigstellenmitarbeiter lebt man in der Hektik des Tagesgeschäftes. Tips, Hilfen und Anregungen müssen kurz, knapp, präzise und vor allem direkt umsetzbar gestaltet sein.

Die wichtigsten Tips aus „Erfolgreicher Führen und Verkaufen in der Zweigstelle", erweitert um Kommentare, sind Inhalt dieses Buches. Setzen Sie nur einen der 100 Tips um, so wird sich – nach unseren Erfahrungen – der Kauf dieses Buches bereits gelohnt haben. Dazu wünschen wir Ihnen viel Erfolg.

Dipl.-Kfm. Bernd-R. Riedmüller
– Mitglied des Vorstandes –
NÜRNBERGER AKADEMIE FÜR ABSATZWIRTSCHAFT

Inhaltsverzeichnis

Kapitel 1: VERKAUFEN 15

001 Tip Nutzen verkaufen 17
002 Tip Kundenbesuche 19
003 Tip Verkaufsbesprechung zu Kundenbesuchen . . . 21
004 Tip Wie erreichen Sie, daß Ihre Werbebriefe persönlicher werden? 23

005 Kommentar Wann nutzen Sie die Chance zum aktiven Verkauf? 25

006 Tip Formulieren Sie am Telefon „bildhaft" 28
007 Tip „Ich muß erst meine Frau fragen" 29
008 Tip Den Preis ans Ende schieben! 31

009 Kommentar Der „Verkäufer" im Kreditinstitut 32

010 Tip Verkaufen Sie Beratungsqualität 38
011 Tip Ansprache im Kundenraum 40
012 Tip Wissen Sie schon, was Sie zu Weihnachen schenken werden? 42

013 Kommentar Wovor haben Verkäufer beim Verkaufen die meiste Angst? 43

014 Tip Vor der aktiven Kundenansprache 46
015 Tip Beteiligen Sie Ihre Kollegen bei der aktiven Kundenansprache 48
016 Tip Aktive Kundenansprache: „Verkaufen" Sie Beratung! 50
017 Tip „NEIN" – und jetzt? 52

Kapitel 2: VERKAUFSFÖRDERUNG 53

018 Tip Flip-Chart 55
019 Tip Wer setzt sich bei Jungvermählten bei der Bankverbindung durch? 57
020 Tip Wirkungsvoll demonstrieren 58
021 Tip „Lesen Sie bitte insbesondere Punkt 2 auf Seite 3!“ 60

022 Kommentar Der durchschnittliche Kunde 61

023 Tip Es gibt nicht nur Wunschkinder, es gibt auch Wunschkunden! 63
024 Tip Visitenkarten: Statussymbol oder Akquisitionsinstrument? 64
025 Tip Kann man am Weltspartag eine Verkaufsaktion durchführen? 65

026 Kommentar Telefonleitfaden: Regelmäßiges Sparen mit Versicherungsschutz 66

027 Tip Zum Jahreswechsel 74
028 Tip Wissen Sie, daß eine Generation von Erben auf Sie zukommt? 76
029 Tip Was machen Sie, wenn Sie einen Kunden lange nicht mehr gesehen haben? 78

030 Kommentar Telefonische Kundenbetreuung 80

031 Tip Aktionen auch in den Sommerferien? 83
032 Tip Verlorene Aufträge 85
033 Tip Wann kann man mit Ihnen auf das neue Jahr anstoßen? 87

Kapitel 3: ZWEIGSTELLE 89

034 Tip Sehen Sie sich gelegentlich Ihre Zweigstelle an? . 91
035 Tip Wie wird der letzte Kunde bedient? 92

036	Tip	Und das bei einer Überziehung von nur 500,– Mark!	93
037	Tip	Wall Street	94
038	Kommentar	Weißes Hemd oder Krawatte?	95
039	Tip	Der „Lieblingskunde“	98
040	Tip	Was Sie kostet eine Minute Großzügigkeit?	100
041	Tip	Alt und vergessen? Die „grauen Panther“ kommen!	101
042	Kommentar	Warum sind manche Zweigstellenleiter erfolgreicher als andere?	102
043	Tip	„Ist nicht da!“	109
044	Tip	Wie verabschieden Sie sich von Ihren Kunden?	111
045	Tip	Sitzposition	112
046	Kommentar	Was ich nicht weiß, macht mich nicht heiß ...!	113
047	Tip	Sind Sie bereit, fünf Minuten Ihrer Mittagspause zu opfern?	115
048	Tip	Effizienz-Formel	116
049	Tip	Verabschieden Sie sich von Ihren Kunden, wenn Sie in Urlaub gehen?	118
050	Tip	Rufen Sie mal in Ihrer Zweigstelle an!	119

Kapitel 4: ARGUMENTATION . . . 121

051	Tip	Positiv denken und formulieren	123
052	Tip	Verwenden Sie den Sie-Stil?	124
053	Tip	Übersetzen Sie „Bank-Chinesisch“!	126
054	Kommentar	Wie kommen wir künftig zu Kundengesprächen?	128
055	Tip	Abschlußmethode: Empfehlen	131
056	Tip	Abschlußmethode: Bestätigen	133
057	Tip	Abschlußmethode: Alternativfragen stellen	135

058 Kommentar Kreditgewährung oder Kreditverkauf? – Neun gefährliche Thesen – 137

059 Tip Abschlußmethode: Teilentscheidungen 144
060 Tip Abschlußmethode: Taktik der falschen Wahl . . 146
061 Tip „Sparen lohnt sich nicht mehr!“ 148
062 Tip „Ich bin schon zu alt ...“ 150

063 Kommentar Wer wird bei Ihnen verwaltet? 152

064 Tip „... dann gehen Sie am besten zur anderen Bank!“ 154
065 Tip „... und jetzt brauche ich noch Sicherheiten!“ . . 156
066 Tip „Wann zahlen Sie den Kredit aus?“ 158
067 Tip „Sie müssen schon entschuldigen!“ 160

Kapitel 5: FÜHREN 163

068 Tip Wirksames Lob – wirksame Kritik 165
069 Tip Ein Mitarbeiter wechselt 167
070 Tip Kontrollieren Sie sich selbst einmal! 169
071 Tip In dir muß brennen, was du in anderen entzünden willst! 171

072 Kommentar Wer motiviert den Zweigstellenleiter? 173

073 Tip Sprechen Sie über Möglichkeiten statt über Unmöglichkeiten! 176
074 Tip Ein Mitarbeiter hat gekündigt 177
075 Tip „Warum haben Sie mir das nicht vorher gesagt?“ . 179

076 Kommentar Wissen Sie, warum Sie so wichtig sind? 181

077 Tip Wann haben Sie das letzte Mal einen Mitarbeiter gelobt? 188
078 Tip Der Management-Regelkreis 190
079 Tip „Was wollen Sie mit dem Geld machen?“ 192

080 Kommentar „Der Kunde ist König!“ 193

081 Tip Mitarbeiterbesprechung 196
082 Tip Kontrolle oder Erfolgsbilanz? 198
083 Tip „... und jetzt stehe ich im Regen!“ 199
084 Tip Wann muß sich ein Mitarbeiter verteidigen? . . 201

Kapitel 6: ARBEITSTECHNIKEN 203

085 Tip Können Sie sich alles merken? 205
086 Tip Telefontag und Telefonstunde 206
087 Tip Zusatzverkäufe über die „Angebotsübersicht“ . . 208
088 Tip Was man bei Veranstaltungen leicht vergißt! . . 210

089 Kommentar Gibt es objektive Beratung? 212

090 Tip Privat- oder Dienstnummer? 215
091 Tip Aufschreiben statt anschreien! 217
092 Tip Telefonkosten einsparen 219

093 Kommentar Kundenbetreuung: Schlagwort oder System? . . 221

094 Tip Kontrollieren Sie regelmäßig die neueröffneten Girokonten? 228
095 Tip Unser nächster Termin! 229
096 Tip Was tun, wenn eine Kollegin, ein Kollege besonders gute Abschlußergebnisse hat? 230

097 Kommentar Beraterplatz-Check-Up 231

098 Tip Empfehlungen einholen 234
099 Tip Brief und Nachfaßtelefonat 235
100 Tip Was man aufschreibt, kann man nicht vergessen 237

ANHANG 239

Literatur für Zweigstellenleiter 240

Stichwortverzeichnis 243

Verzeichnis der bisher erschienenen Tips 249

Autoren 256

Kapitel 1: VERKAUFEN

001 Tip	Nutzen verkaufen
002 Tip	Kundenbesuche
003 Tip	Verkaufsbesprechung zu Kundenbesuchen
004 Tip	Wie erreichen Sie, daß Ihre Werbebriefe persönlicher werden?
005 Kommentar	Wann nutzen Sie die Chance zum aktiven Verkauf?
006 Tip	Formulieren Sie am Telefon „bildhaft“
007 Tip	„Ich muß erst meine Frau fragen“
008 Tip	Den Preis ans Ende schieben!
009 Kommentar	Der „Verkäufer“ im Kreditinstitut
010 Tip	Verkaufen Sie Beratungsqualität
011 Tip	Ansprache im Kundenraum
012 Tip	Wissen Sie schon, was Sie zu Weihnachten schenken werden?
013 Kommentar	Wovor haben Verkäufer beim Verkaufen die meiste Angst?
014 Tip	Vor der aktiven Kundenansprache
015 Tip	Beteiligen Sie Ihre Kollegen bei der aktiven Kundenansprache
016 Tip	Aktive Kundenansprache: „Verkaufen“ Sie Beratung!
017 Tip	„NEIN“ – und jetzt?

001 Tip 97 aus Nr. 2/88	Nutzen verkaufen

Viele Bank- und Sparkassenmitarbeiter beschreiben in Verkaufsgesprächen die einzelnen Dienstleistungen sehr umfassend. Das mühsam erworbene Fachwissen dominiert in den Erläuterungen. Mit den einzelnen Beschreibungen werden oft nur Bankfachbegriffe und Abkürzungen verwendet. Der individuelle Vorteil der Kunden, der persönliche Nutzen wie Gewinn, Ertrag oder Steuerersparnis werden gerne vernachlässigt. Dazu typische Formulierungen:

Berater 1: „Der Sparbrief läuft dann für vier Jahre. Der Festzinssatz beträgt 5%. Die Zinsen werden jährlich auf ein noch zu eröffnendes Ertragskonto gebucht ..."

Berater 2: „Der Kredit wird kontokorrentmäßig abgerechnet."

Berater 3: „Ich schicke Ihnen dann noch eine Kontoeröffnungskarte mit der Schufa-Klausel. Bitte unterzeichnen Sie und alle anderen Zeichnungsberechtigten rechtsverbindlich."

Natürlich sind solche Beschreibungen fachlich in Ordnung – und auch sehr üblich. Verkäuferisch fehlt das entscheidende Element, nämlich der ganz individuelle Nutzen für den einzelnen Kunden. Hier die gleichen Beispiele mit klaren Vorteilen, also persönlichem Nutzen, für den jeweiligen Kunden:

Berater 1: „Dieser Sparbrief garantiert Ihnen vier Jahre einen unveränderten Zinssatz von 5%. Damit erzielen Sie einen jährlichen Zinsgewinn von 300,— DM, also weit über 1.000,— DM in vier Jahren. Ihr jährlicher Zinsertrag wird Ihnen automatisch auf Ihr Sparbuch überwiesen. Damit nutzen Sie sofort den günstigen Zinseszinseffekt ..."

Berater 2: „Jede Ein- und Auszahlung wird auf Ihrem Kreditkonto sofort berücksichtigt. Sie sparen dadurch Zinsen und können jederzeit Rückzahlungen vornehmen ..."

Berater 3: „Sie erhalten in den nächsten Tagen eine vorbereitete Unterschriftskarte. Bitte unterschreiben Sie selbst und die von Ihnen gewünschten Verfügungsberechtigten an den gekennnzeichneten Stellen mit Vor- und Zunamen so wie Sie üblicherweise unterschreiben. Wenn die Unterschriftskarte bei uns eingegangen ist, können Sie und Ihre Familie das Konto voll nutzen ..."

Richten Sie Ihre nutzenorientierten Formulierungen nach dem Sprachniveau Ihrer Gesprächspartner: Kunden mit umfassenden kaufmännischen und Bankkenntnissen können Sie mehr Bankfachbegriffe „zumuten". Doch auch diese erfahrenen Kunden freuen sich über jeden Vorteil und Nutzen.

002 Tip 20 aus Nr. 1/87	Kundenbesuche

Entscheidungen in Geldfragen werden in fast der Hälfte aller Familien gemeinsam durch beide Ehepartner getroffen. Und wie lassen sich Ehepartner am besten gemeinsam beraten? Vor allem Kundenbesuche sind eine hervorragende Chance zu guten Verkaufsabschlüssen gerade auch für Bank- und Sparkassenmitarbeiter.

Für Bausparkassen- und Versicherungsmitarbeiter sind Kundenbesuche eine Selbstverständlichkeit. Sie tätigen Geschäftsabschlüsse zu Zeiten, zu denen die Geschäftsräume von Banken und Sparkassen längst geschlossen haben. Die Bequemlichkeit der Hausbesuche – keine Wegezeiten und gewohnte heimische Umgebung – honoriert der Kunde durch eine hohe Abschlußbereitschaft.

Stimmen Sie Ihre Kunden auf Ihren Besuch zusätzlich positiv ein. Achten Sie dabei vor allem auf eine *rechtzeitige Terminvereinbarung und eine kleine Aufmerksamkeit* als Präsent oder „Mitbringsel" zum Gesprächseinstieg. Sprechen Sie den Termin einige Tage vor dem Kundenbesuch ab. Überraschungsbesuche sind nicht ratsam. Ein Erfahrungswert aus dem Außendienst bei Privatkunden besagt, daß etwa ein Drittel der Kunden ohne Terminabsprache nicht angetroffen wird, ein weiteres Drittel den Berater zwar empfängt, aber kaum gesprächsbereit ist, und nur das letzte Drittel wirklich offen für ein Gespräch ist. Weniger Kundenbesuche, dafür mit einem fest vereinbarten Termin, führen damit zu mehr Geschäftsabschlüssen – und das bei erheblich geringerem Zeitaufwand.

Wenn Sie den Termin wahrnehmen, denken Sie an eine kleine Aufmerksamkeit für den Kunden zum Gesprächseinstieg. Was kann den Kunden oder die Kunden positiv einstimmen? Hier einige Anregungen, die sich bewährt haben:

- Bringen Sie die aktuellen Konto- oder Depotauszüge mit.
- Überreichen Sie aktuelle Informationen (z. B. Börsen-Brief, Kundenzeitschrift, Broschüren, Verkaufs-/Aktionsmaterial, Sondertranchen usw).
- Übergeben Sie – je nach Jahreszeit, Kunde und Verfügbarkeit – umfassendere Nachschlagewerke über Existenzgründungen, Einkommensteuer, Finanzierungen, Einführung in das Wertpapiergeschäft usw.

- Reichen Sie den neuesten Kurz-/Geschäftsbericht
- oder eine Einladung zu einer Ausstellung oder Vortragsveranstaltung
- oder einen aktuellen Stadtplan mit Bank- und Sparkassenfilialen.

Ihr Kundenbesuch beginnt mit einer Geste. Ihre Kunden werden Sie noch freundlicher als sonst empfangen; eine sichere Basis für erfolgreiches Verkaufen.

003 Tip 25 aus Nr. 2/87	Verkaufsbesprechung zu Kundenbesuchen

Verbessern Sie mit Ihren Mitarbeitern die Erfolgschancen von Kundenbesuchen. Vereinbaren Sie Verkaufsbesprechungen, unter anderem mit dem Thema „Kundenbesuche". Detail-Themen Ihrer Verkaufsbesprechungen können zum Beispiel werden:

- Anlässe von Kundenbesuchen (geeignete Aufhänger, Terminvereinbarungstechniken, Akzeptanz der Kunden usw),
- Erfahrungen der Mitarbeiter mit Kundenbesuchen (Überraschungen, Hindernisse, Schwierigkeiten usw),
- Unterlagen und Materialien für Kundenbesuche (Hilfsmittel, Ausstattung der Beratungsmappe usw),
- Ergebnisse der letzten Kundenbesuche (gegenseitige Informationen sowie Empfehlungen und Warnungen).

Ergänzen Sie diese Themenliste durch institutsspezifische Möglichkeiten. Ihrer Kreativität sind hier keine Grenzen gesetzt. Aktivieren Sie in der Verkaufsbesprechung vor allem Ihre Mitarbeiter. Dabei haben sich die folgenden Hinweise als erfolgreich erwiesen:

- Lassen Sie erst jeden Mitarbeiter zu Wort kommen (Reihenfolge der Wortmeldungen nach Sitzanordnung im Kreis) bevor Sie selbst Ihre Vorschläge einbringen.
- Sorgen Sie für Visualisierungsmöglichkeiten (Tageslichtschreiber, Tafel oder Flip-Chart) und sorgen Sie dafür, daß alle Vorschläge gut lesbar notiert werden.
- Legen sie Kommunikationskarten (auch Karteikarten oder festes Notizpapier mit Stiften) bereit und bitten Sie um Ideen auf den Karten; heften Sie die beschriebenen Karten an eine Stellwand.
- Formulieren Sie die Aufgaben an Ihre Mitarbeiter möglichst mit einer offenen W-Frage; in Anlehnung an Tip 2 zum Beispiel:
  - „Was können Sie bei Hausbesuchen als kleines Präsent mitbringen?"
  - „Was können Sie als kleines ‚Dankeschön' am Ende eines Hausbesuches Kunden überreichen?"

- „Welche kleinen Aufmerksamkeiten können Hausbesuche erleichtern?"
- „Wie können Sie geschickt in einen Hausbesuch einsteigen?"

Nutzen Sie die Erfahrungen und Anregungen Ihrer Mitarbeiter. Sprechen Sie *alle Vorschläge* gemeinsam durch. Lassen Sie Ihre Mitarbeiter die Vorschläge auch anwenden. Geben Sie vor allem Unterstützung bei der Beschaffung der Hilfsmittel und der Organisation. Denken Sie daran:

1000 Ideen sind gut – eine umgesetzte Idee ist besser!

004 Tip 16 aus Nr. 12/86	Wie erreichen Sie, daß Ihre Werbebriefe persönlicher werden?

Die Menschen bekommen heutzutage so viele Werbebriefe, daß diese meist ungelesen weggeworfen werden. Werbebriefe erzielen also keine Kundenreaktion, hört man unsere Mitarbeiter daher immer sagen. Meist sind mit dem Versand von Werbebriefen aber auch unrealistische Erwartungen verbunden. Eine Reaktionsquote von 3 bis 5% ist guter Durchschnitt, 10% sind ausgezeichnet, und alles darüber kann man als „sensationell" betrachten.

Wie kann es Ihnen gelingen, diese Quoten ein wenig zu verbessern?

Versenden Sie keine Massensendungen, sondern schreiben Sie wenige, aber dafür gezieltere, persönliche und individuelle Briefe. Je besser Sie die für Ihre Werbebotschaft in Frage kommende Zielgruppe bestimmen, desto größer ist Ihre Erfolgschance.

Ein paar Tips dazu:

- Volle persönliche Anrede mit Titel und Vornamen!
  (Sehr geehrter Herr Dr. Hans Müller)
- Genaues Datum signalisiert Aktualität!
  Falsch: Nürnberg im Januar 1989 oder: Datum des Poststempels.
  Richtig: Nürnberg, den 22. 1. 1989.
- Betreff: Formulieren Sie eine Interesse weckende Frage oder Feststellung.
  Zum Beispiel: Wie Sie in zehn Jahren über DM 100.000 verfügen!
  Oder: Ihr Konto bekommt zu wenig Zinsen!
  Oder: Welche Steuervorteile können Sie noch nützen?
- Text: Einige wichtige Textteile unterstreichen oder am Seitenrand mit einem Ausrufezeichen versehen, bzw. handschriftlich „Wichtig für Sie" dazuschreiben. So erreichen Sie zusätzliche Aufmerksamkeit.
- Ihre Unterschrift sollte persönlich und leserlich sein!
  Eine blaue Unterschrift wirkt persönlicher als eine schwarze. Schreiben Sie Ihren Namen und Vornamen mit Schreibmaschine unter Ihre Unterschrift.

Je persönlicher und individueller Ihre Werbebriefe sind, umso eher werden sie gelesen. Diese Tips bieten Ihnen keine Garantie, aber sie erhöhen Interesse und Aufmerksamkeit bei den Briefempfängern, und damit auch die Reaktionsquote.

005 Kommentar 9/87	Wann nutzen Sie die Chance des Telefons zum aktiven Verkauf?

Sicher sind auch Sie wie so viele andere Zweigstellenleiter davon überzeugt, daß das durch Sie und Ihre Mitarbeiter oft geschieht. Vielleicht denken Sie, daß das natürlich noch öfter und auch regelmäßiger sein könnte. Eventuell haben Sie schon bemerkt, daß sich Kunden sehr gerne per Telefon informieren lassen. Eher selten ist Bank- und Sparkassenmitarbeitern bewußt, wie die überwiegende Anzahl der Anrufe bei Kunden „wirkt".

Erinnern Sie sich einmal an Kundenreaktionen auf reine Betreuungsanrufe, also auf Anrufe ohne einen festen Anrufgrund aus der Sicht des Kunden: Auf Kundenseite herrscht große Überraschung. Kunden fragen „Was ist los?" oder „Stimmt was nicht mit meinem Konto?" oder „Warum rufen Sie an, was brauchen Sie noch von mir?". Anscheinend sind die meisten Kunden *nur negative oder rein verwaltungsorientierte Anlässe für Telefonate gewöhnt.* Um wieviel wichtiger und wirkungsvoller sind dann Telefonate mit neutralen oder gar positiven Anlässen?

Denken Sie zum Beispiel an Kreditkunden Ihrer Zweigstelle (Investitionsfinanzierung eines Firmenkunden oder Hypothekendarlehen eines privaten Hauskäufers): Rufen Sie – oder die betreuenden Mitarbeiter – diese Kunden ca. vier bis sechs Wochen nach der letzten Auszahlungsrate an. Stellen Sie sich kurz vor, bieten Sie eine regelmäßige Betreuung an und fragen Sie nach des Kunden Zufriedenheit im Zusammenhang mit der Finanzierung, vielleicht mit der gezielten Frage: „Wie ist aus Ihrer Sicht die Zusammenarbeit bei Ihrer Finanzierung gelaufen?" Ihr Kunde kann Ihnen Antworten in drei Richtungen geben:

1. Der Kunde ist zufrieden.

Jetzt können Sie sich mit ihm freuen. Die Anerkennung des Kunden ist für Sie und Ihre Mitarbeiter Motivation für weitere gute Leistungen im Verkauf. Geben Sie die anerkennenden Aussagen des Kunden auch an Ihre Mitarbeiter weiter (vor allem an den betreuenden Kollegen). Bedanken Sie sich bei Ihrem Kunden und kündigen Sie ihm eine regelmäßige Betreuung (u. a. per Telefon) an.

2. Der Kunde war leider nicht ganz zufrieden oder gar unzufrieden.

Diese Erkenntnis ist für Sie und Ihre Mitarbeiter besonders wichtig. Vielleicht läßt sich noch etwas retten – durch Ihr Engagement, durch das Interesse oder notfalls durch Kulanz. Noch ist es nicht zu spät. Seien Sie froh, daß dieser Kunde seine Unzufriedenheit offen am Telefon äußert. Negative Mund-zu-Mund-Propaganda wäre für Sie und Ihr künftiges Geschäft wesentlich unangenehmer.

3. Der Kunde hat Zusatzbedarf.

Natürlich die angenehmste Reaktion: Die Betreuungsinitiative per Telefon führt sofort oder in schneller Folge zu meßbaren Abschlüssen. Nicht immer wird es zusätzlicher Kreditbedarf sein, oft beginnt die Kundenaussage mit allgemeinen Formulierungen wie „Gut, daß Sie gerade bei mir anrufen. Ich habe da noch eine Frage an Sie ...“. Und aus der Frage entwickelt sich dann in der Folge ein Beratungsgespräch mit einem Geschäftsabschluß.

Wie auch immer der „Kreditbetreuungsanruf“ ausgeht, für das Kreditinstitut ist er *immer erfolgreich* abgelaufen. Der Aufhänger war aus Kundensicht neutral, ja fast belanglos. Trotzdem bleibt sicher eine erfreuliche Nachwirkung: Das Kreditinstitut kümmert sich auch noch nach dem Geschäftsabschluß um den Kunden. Der Kunde fühlt sich dadurch anerkannt, er ist bei „seinem Kreditinstitut“ gut aufgehoben. *Die Akquisitionsbemühungen der Wettbewerber werden erheblich schwerer.*

Ein Anlaß für aktive Telefonate wird erst ganz selten von Bank- und Sparkassenmitarbeitern genutzt: An Geschäftstagen mit großem Kundenandrang betreten viele Kunden die Zweigstelle und orten kurz die Lage. Wenn sie erkennen, daß es recht lange dauert, bis sie bedient oder beraten werden, verlassen sie stumm die Zweigstelle. Diese Kunden haben sicher einen Wunsch auf dem Herzen.

Ein Telefonat einige Stunden oder zwei bis drei Tage nach dem erfolglosen Kundenbesuch wird vom Kunden honoriert. Ein kurzer Anruf genügt; vielleicht mit den Worten „Guten Tag, Frau Schuster. Ich habe Sie gestern in unserer Zweigstelle gesehen. Leider war es sehr voll und Sie hatten es wohl eilig. Wie kann ich Ihnen helfen?“. Der Dank und die positive Wirkung ist dem Anrufer sicher. Wenn jeder Mitarbeiter der Zweigstelle an

„vollen Tagen“ nur eine handvoll Kunden wahrnimmt und anruft, wird sich der „gute Ruf der Zweigstelle“ schnell verbreiten.

Noch wirkungsvoller sind Telefonate mit rein positiven Inhalten für den Bank- und Sparkassenkunden. Abgelaufene Verträge (Sparverträge), Tilgungen und Fälligkeiten von festverzinslichen Wertpapieren, hohe Geldeingänge usw. bieten sich direkt für Sie und Ihre Mitarbeiter an. *Doch welcher Mitarbeiter ruft welchen Kunden an?* Beantworten Sie diese Frage am besten mit Ihren Mitarbeitern zusammen. Bewährt haben sich *Mitarbeiterbesprechungen,* die eine klare Zuordnung von Kunden, Anlässen und Betreuungstelefonaten zum Gegenstand haben. *Binden Sie möglichst alle Mitarbeiter in Ihre zweigstellenspezifischen Telefonaktionen ein.*

Informieren Sie bei dieser Gelegenheit Ihre Mitarbeiter über die generelle Akzeptanz des Telefons durch Bank- und Sparkassenkunden. Erfahrungswerte von unterschiedlichsten Kreditinstituten belegen immer wieder, daß Kunden „freundlich“, „offen“ und „sachlich“ reagieren. Ein Großteil der angerufenen Kunden ist sogar „dankbar“ und nur ganz wenige Kunden sind „unangenehm überrascht“ (1 bis 2% der angerufenen Kunden).

Nach Ihrer Mitarbeiterbesprechung zum Thema „aktive Kundenbetreuung per Telefon“ können Sie sicher bald die Eingangsfrage mit „ Wir nutzen die Chance Telefon zur Kundenbetreuung regelmäßig und zielgerichtet“ beantworten.

006 Tip 59 aus Nr. 7/87	Formulieren Sie am Telefon „bildhaft“

Neben dem Beratungs- und Verkaufsgespräch gewinnt der Telefonkontakt zwischen Bank- und Sparkassenmitarbeitern sowie deren Kunden immer größere Bedeutung: Kunden und Nichtkunden rufen bei Kreditinstituten an und Mitarbeiter von Kreditinstituten suchen gezielt den telefonischen Kontakt zu Kunden und Nichtkunden. Das Telefon wird von Kundenseite gut akzeptiert, es spart viel Zeit, schnelle Reaktionen sind möglich und Termin- sowie Geschäftsabschlüsse werden getätigt.

Noch sind Bildschirmtelefonapparate eine seltene Ausnahme. Telefongesprächspartner können sich deshalb noch selten sehen. Die üblichen körpersprachlichen Wirkungs- und Überzeugungsmittel eines persönlichen Gesprächs stehen den Telefonpartnern nicht zur Verfügung. Was bedeutet das für den telefonischen Kundenkontakt? *Wählen Sie den richtigen Ton, setzen Sie alle Ihre sprachlichen Wirkungsmittel ein und sprechen Sie vor allem bildhaft.* Sicher kennen Sie auch die Aussage des Volksmundes „Ein Bild sagt mehr als tausend Worte“. Ersetzen Sie deshalb möglichst oft den fehlenden optischen Reiz durch eine bildhafte Formulierung:

Statt:	„Mit der Kreditkarte sind Sie überall kreditwürdig“.
Besser:	„Sie reichen einfach Ihre Kreditkarte und brauchen nur zu unterschreiben“.
Statt:	„Bei Ihrem Anlagebetrag erhalten Sie jährlich rund dreitausend Mark Zinsgutschrift“.
Besser:	„Sie können sich einen jährlichen Zusatzurlaub für rund dreitausend Mark von Ihrem Anlageertrag gönnen“.

Suchen Sie gezielt für Ihren Tätigkeitsbereich und Ihre Mitarbeiter nach überzeugenden und einprägsamen Bildern. Achten Sie auch einmal auf die Telefonate von Kollegen und Mitarbeitern. Sicher fallen Ihnen dabei weitere wirksame „Bilder“ auf.

007 Tip 40 aus Nr. 4/87	„Ich muß erst meine Frau fragen“

Sie kennen dieses Argument, das am Ende eines Beratungsgespräches dann oft noch den Abschluß verhindert.

Reagieren Sie auf diesen Kundeneinwand mit Verständnis. Denn entweder ist der Kunde noch nicht vollständig überzeugt und daher noch unsicher, ob er abschließen soll. Er benützt dieses Argument daher als Vorwand, als Ausflucht, um aus dem Gespräch aussteigen zu können.

Oder er möchte seine Frau (oder die Frau ihren Mann) wirklich in die Entscheidung einbeziehen, denn schließlich geht es um die Verwendung von Beträgen aus dem gemeinsamen Haushaltsbudget. Und diese Entscheidung muß dem Ehepartner ja auch erst „verkauft“ werden.

Wichtig für Sie ist in einer solchen Situation, daß Sie die Initiative in der Gesprächsführung behalten. Versuchen Sie zu erfahren, bei welchem Punkt der Kunde unsicher ist, indem Sie ihm noch eine gezielte Frage stellen, zum Beispiel:

„Herr Müller, ich verstehe, daß Sie in dieser Sache noch Ihre Frau fragen wollen. Diese Entscheidung sollte gemeinsam getroffen werden. Welcher Punkt ist für Sie noch offen, den Sie mit Ihrer Frau besprechen wollen?“

1. Sollte der Kunde sein Argument als Vorwand gebraucht haben, erfahren Sie durch die Antwort auf Ihre Frage möglicherweise den schwächsten Punkt Ihrer bisherigen Argumentation, wo Sie konkret noch zusätzlich überzeugen müssen.
2. Will der Kunde tatsächlich seine Frau fragen, so wissen Sie dadurch, wo Sie dem Kunden zusätzliche Informationen für den Ehepartner mitgeben müssen. Denn der Kunde muß eine emotionale Vorentscheidung seiner Frau „verkaufen“, und dabei sollten Sie ihm helfen, durch weitere Argumente, Prospekte usw.
3. Bieten Sie auch ein gemeinsames Gespräch an. Aber nicht in einer unverbindlichen Formulierung, sondern über eine konkrete Terminvereinbarung. Ein weiterer Termin ist ein erfolgreicher Teilabschluß, und Sie behalten die Initiative.

Wenn der Kunde den Abschluß hinauszögert, so reagieren Sie positiv und versuchen Sie, gezielt den Grund dafür zu erfragen. So wahren Sie die Chance auf den endgültigen Abschluß.

008 Tip 87 aus Nr. 12/87	**Den Preis ans Ende schieben!**

Wann soll man in einem Verkaufsgespräch über den Preis sprechen?

Möglichst spät, denn Sie müssen zuerst die Leistungen für den Preis als „Gegengewicht" argumentieren. Erst wenn der Kunde Informationen über den Nutzen und über Ihre Serviceleistungen hat, kann er den „Wert des Preises" beurteilen.

Als „Gegengewicht" sollten Sie auch viele, für Bankverkäufer selbstverständliche Dinge anführen, wie z. B.:

- Sie bekommen zum Schutz Ihrer Scheckkarte von uns ein Etui.
- Sie erhalten für Ihr Wertpapierdepot eine regelmäßige Kursbewertung.
- Sie erhalten zu Ihrem Sparbrief eine Auszahlungstabelle, damit Sie jederzeit den Rückzahlungswert wissen.
- Bei Ihrem Kredit bekommen Sie von uns eine jährliche Abrechnung über Ihre Rückzahlungen.
- Zu Ihrem Girokonto erhalten Sie von uns regelmäßig eine Mappe zur Ablage Ihrer Kontoauszüge.

Mit diesem Argumentationsaufbau steht der Preis nicht „alleine" da.

Wenn ein Kunde den Preis sofort ins Gespräch bringt, bevor Sie über Ihre Leistungen informieren können, so versuchen Sie konsequent die Diskussion darüber auf später zu verschieben. Das Gespräch sollte auch nicht mit der Preisargumentation beendet werden. Halten Sie sich einen weiteren Produktnutzen zum Abschluß „im Köcher".

Versuchen Sie es mit folgender Argumentation:

1. „Der Preis ist eine wichtige Sache, Herr Müller, wir kommen gleich darauf zu sprechen."
2. „Welche Kriterien muß unser Angebot neben dem Preis noch für Sie haben?"
3. „Bevor wir darüber sprechen, was wir von Ihnen bekommen, sprechen wir doch zuerst darüber, was Sie von uns bekommen."

Je mehr Argumente Sie zum Preis anführen, umso eher wird er akzeptiert. Daher sollten Sie versuchen, im Verkaufsgespräch erst möglichst spät über den Preis zu sprechen.

009 Kommentar 12/86	Der „Verkäufer" im Kreditinstitut

Die Tätigkeiten in Kreditinstituten sind in den letzten Jahrzehnten einem steten Wandel unterworfen gewesen. Mit der veränderten Wettbewerbssituation hat sich inzwischen eine Vielzahl von Bezeichnungen für Mitarbeiter von Banken und Sparkassen etabliert. Sind es nur Bezeichnungen, wenn von „Schalterbeamten", von „Kundenberatern" oder von „Verkäufern" gesprochen wird? Oder sind es mehr als formelle Bezeichnungen?

1. Der Schalterbeamte

Wenn Sie gefragt werden „Sind Sie Beamter oder Verkäufer?" dann wird Ihre Antwort auf diese Frage als Bank- oder Sparkassenangestellter eher etwas unsicher ausfallen: „Klar, verkaufen muß ich schon, Beamte gibt es bei uns schon einige Jahre nicht mehr, Berater für Finanzdienstleistungen bin ich!" oder so ähnlich. Ein zurückhaltendes Plädoyer gegen den Beamten und für den Verkäufer. Verhalten sich aber die Mitarbeiter von Banken und Sparkassen tatsächlich im Berufsalltag auch wie professionelle Verkäufer, wie erfolgreiche Verkäufer von hochwertigen und beratungsintensiven Dienstleistungen?

Für die weit überwiegende Zahl von Bankmitarbeitern ist das Denken in verkäuferischen Kategorien erst nach einem Umdenkungsprozeß üblich geworden. Oder wollten Sie „Spitzenverkäufer in einem Dienstleistungsgewerbe" werden, als Sie Ihren Ausbildungs- oder Arbeitsvertrag bei einem Kreditinstitut unterschrieben haben?

Der Markt hat sich zwischenzeitlich gedreht: Kunden sind besser informiert, Kunden nutzen häufiger mehrere Kreditinstitute, Kunden wechseln schneller die Bankverbindung, Kreditinstitute dringen in bisher angestammte Kundenschichten anderer Institute ein, neue Wettbewerber aus benachbarten und fremden Branchen tauchen auf, neue Absatzwege werden von Geldinstituten beschritten, Neukunden sind immer schwerer zu akquirieren usw.

Auch wenn es noch vereinzelt einige Bankbeamte der Bezeichnung nach gibt, so ist deren Zeit im Kreditgewerbe sicher abgelaufen. Doch leider begegnen Bankkunden auch heute noch immer dem „typischen Schalterbeamten“ in Kreditinstituten: Beamte, oft recht jung an Jahren und auch Berufsjahren, die offiziell natürlich keinen Beamtentitel tragen, aber sich beamtenmäßig verhalten:

- Auf eine Kundenfrage am Telefon antwortet ein Berater: „Das ist allein Ihre Entscheidung. Dabei kann ich Ihnen überhaupt nicht helfen. Die alte Regelung bei diesen Kreditverträgen galt nur noch bis zum letzten Jahr. Jetzt ist es viel zu spät. Da geht nichts mehr.“
- Berateraussage am Schalter zu einem verärgerten Kunden: „Wir haben zur Zeit wieder eine EDV-Störung. Wir können jetzt gar nichts tun. Kommen Sie am besten noch einmal bei uns vorbei.“
- Berateraussage zu einem Neukunden bei der Kontoeröffnung: „Da müssen Sie sich schon nach unseren gesetzlichen Bestimmungen richten. Wir haben da unsere Vorschriften, die für jeden Kunden gelten. Ihren Ausweis muß ich dafür haben.“

Wahrscheinlich denken Sie nach diesen drei Beispielen „Das sind doch seltene Ausnahmen“. Sicher (und glücklicherweise!) sind diese beamtenmäßigen Antworten nicht die Norm von Bank- und Sparkassenmitarbeitern, aber solche Antworten sind zu hören. Leider viel zu oft, denn sie prägen bei den Kunden der Kreditwirtschaft das Bild des Dienstleistungsunternehmens „Kreditinstitut“. Und immer mehr kritische Kunden schauen mit scharfem Blick und sensiblem Ohr auf das Bankgewerbe.

Der Beamte erstellt in der Regel eine Monopolleistung. Seine Kunden haben in der Regel keine Alternative. Er kann sich deshalb Überheblichkeit, Lustlosigkeit und Gleichgültigkeit gegenüber seinen Abnehmern leisten. Er denkt bei seiner Berufsausübung oft mehr an sich als an die abhängigen Abnehmer seiner Leistungen.

Der Bankangestellte steht im Wettbewerb mit anderen Verkäufern von Bankdienstleistungen. Er muß sich dessen jederzeit auch bewußt sein. Eine „beamtete“ Einstellung und Tätigkeitsbezeichnungen wie Schalter- oder Bankbeamter gehören somit sicher der Vergangenheit an.

2. *Der Berater*

Die aktuellen Bezeichnungen für Bank- und Sparkassenmitarbeiter sind sehr unterschiedlich:

Da sprechen Kunden wie in der Nachkriegszeit noch vom „Schalterbeamten" und vom „Bankbeamten", institutsintern werden Begriffe wie „Bankkaufmann", „(Kredit-)Sachbearbeiter", „Mitarbeiter" oder „Bankangestellter" verwendet und nach außen lauten die Bezeichnungen auf den Visitenkarten „Kundenberater", „Repräsentant", „Kreditleiter", „Anlageberater" oder „Kundenbetreuer". Eine erschreckende Begriffsvielfalt, wie sie nur bei wenigen anderen Berufsgruppen zu finden ist.

Diese lange Kette der verschiedensten Bezeichnungen prägt Einstellungen und Verhaltensweisen der Mitarbeiter von Kreditinstituten. Die Elemente *„beraten", „leiten" und „angestellt/beschäftigt sein"* überwiegen bei den gebräuchlichsten Tätigkeits- und Berufsbezeichnungen.

Was heißt das für den Kundenkontakt, für die Kundenorientierung und das aktive Verkaufen von Bankdienstleistungen?

- Bank- und Sparkassenmitarbeiter sind vor allem Berater ihrer Kunden. Das reaktive Beantworten und Erfüllen von Kundenwünschen steht einseitig im Mittelpunkt der Aktivitäten. Klassische verkäuferische Aktivitäten, wie sie aus anderen Branchen bekannt sind – das heißt vor allem initiative Verhaltensweisen –, werden eher unterlassen.

- Bank- und Sparkassenmitarbeiter verstehen sich als kaufmännische Angestellte. Sie sind damit viel stärker innen- als außenorientiert, sie sind eher Innendienst- als Außendienstmitarbeiter. Die Arbeitszeit und der Arbeitsort sind fest vorgegeben. Tätigkeiten außerhalb der vereinbarten und gewohnten Arbeitszeiten und außerhalb der Bankräumlichkeiten werden nur sehr zögernd übernommen. Gleichzeitig sind die Verkäufer der wichtigsten Wettbewerber hier besonders flexibel: Für Versicherungs-, Leasing- und Bausparkassenmitarbeiter sind Hausbesuche außerhalb der (nichtvorhandenen) festen Dienstzeit eine Selbstverständlichkeit.

- Bank- und Sparkassenmitarbeiter mit häufigem Kundenkontakt werden oft als Sachbearbeiter bezeichnet. Im Mittelpunkt ihrer Tätigkeiten steht also die Sache, zum Beispiel das Auslandsgeschäft oder der Kredit, und weit weniger der Mensch, also der Kunde.

- Bank- und Sparkassenmitarbeiter werden noch immer vereinzelt wie Beamte von ihren Kunden angesprochen. So werden dann Prüfungen von Auszahlungen oder Erstgeschäfte mit unbekannten Kunden teilweise zu „Hoheitsakten". Es scheint, daß der Bank- oder Sparkassenkunde froh sein muß, daß er seinen Wunsch erfüllt bekommt. Wer wem einen Gefallen tut, scheint hier einigen Bankmitarbeitern und vor allem auch Vorgesetzten nicht mehr so ganz klar zu sein.

Wenn sich Bank- oder Sparkassenmitarbeiter ihren Kunden vorstellen, fallen noch immer Sätze wie „Ich bin bei der XY-Kreditbank beschäftigt", „Ich bin für den Marktbereich XZ der Institutsbank *zuständig*" oder „Ich bin bei der Regionalsparkasse *angestellt*". Die wichtigsten Botschaften scheinen also der sichere *Arbeitsplatz*, also Anstellung, und die organisatorische Zuständigkeit zu sein. Von Kundenorientierung und Kundennutzen (vergleichen Sie Tip 001) ist bei solchen gedankenlosen, aber üblichen Vorstellungen weit und breit – sprachlich – nichts zu hören.

Was heißt das für Sie als Führungskraft in einem Kreditinstitut, wenn Sie Wert auf Kundenorientierung legen?

- Vermeiden Sie und Ihre Mitarbeiter im direkten Kundenkontakt möglichst immer die Wörter „Sachbearbeiter", „(Bank-/Sparkassen-)Angestellter" und „(Bank-/Sparkassen-)Mitarbeiter".
- Sprechen Sie möglichst oft von „Verkaufen", „Verkauf" und „Aktivem Verkauf von Bankdienstleistungen".
- Bezeichnen Sie Ihre Mitarbeiter mit reinen Verkaufsaufgaben immer als „Verkäufer".
- Bezeichnen Sie Ihre Mitarbeiter im Innendienst als „Verkäufer im Innendienst" und nicht als „Sachbearbeiter", „Hilfskraft", „Teilzeitarbeiter" oder „Ultimokraft".
- Erläutern Sie Ihren Mitarbeitern immer wieder, daß das gute Beraten der Kunden alleine nicht mehr genügt; vom Beraten alleine kann kein Kreditinstitut Löhne zahlen und im Wettbewerb überleben.
- Heben Sie gute banktypische verkäuferische Leistungen klar hervor; Anerkennung wirkt meistens motivierend. Außerdem erkennen so Ihre Mitarbeiter Ihre Vorstellungen und Erwartungen im Verkauf.

- Stellen Sie die Begriffe „Aktives Verkaufen“ und „Betreuen“ sowie die Bezeichnungen „Betreuer“, „Kundenbetreuer“ und „Firmenkundenbetreuer“ in den Mittelpunkt.
- Und vor allem: Erklären Sie Ihren Mitarbeitern und Kollegen den Begriff „Verkaufen“! *Verkaufen von Dienstleistungen bedeutet: Beraten, betreuen und abschließen.*

3. Der Verkäufer

Wenn Sie mit Ihren Mitarbeitern erfolgreich Bankdienstleistungen verkaufen wollen, dann sollten Sie den Begriff „Verkäufer“ auch gezielt einsetzen. Wenn „Berater“ oder „Kundenberater“ oder „Geldberater“ heute oft nur beraten und nicht verkaufen, dann liegt es auch an den üblichen Bezeichnungen:

> Wenn Sie verkaufen meinen, sagen Sie bitte nicht beraten und wenn Sie Verkäufer als Mitarbeiter wünschen, sprechen Sie sie auch als Verkäufer und nicht als Berater an.

Für viele Bankangestellte ist der Begriff „Verkaufen“ und die Funktionsbezeichnung „Verkäufer“ negativ belegt. Die Gedanken gehen sehr schnell in Richtung Haustürverkauf, Vertreter, Versicherungsagent. Irgendwo wird mit Verkaufen ein Makel verbunden.

Ein Blick in die Vereinigten Staaten kann hier beim Umdenken helfen: Dort sind Verkäufer stolz auf ihre Funktion und ihre Leistungen. Sie treten sicher und offensiv in der Öffentlichkeit auf. Verkaufskarrieren werden bewundert und sehr erfolgreich in den unterschiedlichsten Medien publiziert. Der Verkäufer steht zu seinem Beruf und trägt „seine Nase“ sehr hoch. Noch ist es bei uns ganz anders, besonders bei Kreditinstituten.

Daß Verkaufen die wesentliche Tätigkeit von vielen Bank- und Sparkassenmitarbeitern mit Kundenkontakt ist, ist inzwischen den meisten Betroffenen klar. Wann beginnen sie, sich zu ihrer Tätigkeit – auch sprachlich – zu bekennen?

Der erfolgreiche Verkäufer stellt seine Kunden in den Mittelpunkt seiner Aktivitäten. Er strebt immer wieder danach, die Erwartungen seiner unterschiedlichen Kunden kennenzulernen und sie möglichst auch zu erfüllen. Er reagiert auf seine Kunden und er wird aktiv, denn er kennt den ausgeprägten Kundenwunsch nach immer mehr individueller Betreuung durch sein Kreditinstitut.

Aus der Kundensicht ähneln sich die Institute der Kreditwirtschaft in ihrer Erscheinung immer mehr: Die einzelnen Gebäude – Zentralen und Zweigstellen – sowie die Einrichtungen gleichen sich sehr schnell an, die Bankleistungen und Angebote unterscheiden sich oft nur durch einen werbewirksamen Namen, neue Angebote werden in wenigen Wochen oder Monaten nachgeahmt, doch die Bankmitarbeiter bleiben Menschen. Menschen mit sehr unterschiedlichen Einstellungen, mit Besonderheiten, mit mehr oder weniger Engagement.

Verkäufer von Bankdienstleistungen sind Menschen mit einem starken Gespür und Interesse am Kundenwunsch. Sie verstehen sich als Verkäufer von beratungsintensiven Dienstleistungen. Sie zielen auf eine Geschäftspartnerschaft mit ihren Kunden. Nutzen aus jeder Leistung für den Kunden, angemessenen Ertrag für die eigene Bank oder Sparkasse und kontinuierliche, faire Zusammenarbeit sind das Leitbild. Mit Druck erzielte Einmalgeschäfte passen nicht in dieses Bild.

Verkäufer von Bankdienstleistungen weisen damit eine zeitgemäße Einstellung zu ihrer Tätigkeit und zu ihren Kunden vor dem Hintergrund des stärkeren Wettbewerbs auf. Diese verkäuferische Einstellung ist

– eine Profilierungschance am Markt
  und zugleich
– die persönliche Basis für den Verkaufserfolg.

Mitarbeiter von Kreditinstituten sind heute weder Beamte noch reine Berater: Sie sind Verkäufer von anspruchsvollen Leistungen in einem herausfordernden Markt, selbst wenn die meisten Visitenkarten das noch nicht ausweisen.

010 Tip 103 aus Nr. 3/88	Verkaufen Sie Beratungsqualität

Publikationen von Kreditinstituten unterscheiden sich sehr oft nur durch äußerliche Unterschiede (Druckqualität, Bilder, Visualisierungen, farbliche Gestaltung usw.). Hie und da gibt es tatsächlich echte Neuerungen und Ideen zur Verkaufsunterstützung.

Das ist uns bei einer erfolgreichen regionalen Geschäftsbank aufgefallen: Das Institut gibt Kunden und vor allem Nichtkunden ein kleines Faltblatt – auch per Post – an die Hand. Nach einer kurzen und übersichtlichen Einführung kommt es schnell „zur Sache". Der Kerntext:

„Zu Ihrer eigenen Sicherheit haben wir hier ein paar Fragen aufgestellt, die Sie sich in einer stillen Minute beantworten sollten. Wenn auch nur eine dabei ist, die Sie nicht positiv beantworten können, dann lohnt sich ein Gespräch mit uns. Wir sind für Sie da.

1. Sind Sie sicher, daß Ihr Vermögen auch unter Berücksichtigung Ihrer persönlichen Bedürfnisse und der damit zusammenhängenden Gesichtspunkte richtig angelegt ist? JA/NEIN
2. Wird Ihre Vermögensanlage laufend den aktuellen Gegebenheiten angepaßt? JA/NEIN
3. Haben Sie regelmäßig Kontakt mit der Bank über Ihre Vermögensanlage? JA/NEIN
4. Können Sie dabei über alle, im weitesten Sinne mit einer Vermögensanlage zusammenhängenden Probleme sprechen? JA/NEIN
5. Haben Sie sich schon einmal Gedanken über Ihre Altersversorgung gemacht? JA/NEIN
6. Ist die Ausbildung Ihrer Kinder gesichert? JA/NEIN
7. Werden Sie in Sachen ‚Geld' laufend informiert? JA/NEIN

Kommen Sie in eine unserer Geschäftsstellen. Wir freuen uns auf Ihren Besuch."

Das Faltblatt ist ein interessanter Intensivierungs- und Akquisitionshelfer. Prüfen Sie die Checkliste: Was läßt sich auf Ihr Kreditinstitut oder auf andere Dienstleistungen Ihres Hauses übertragen? Wie lassen sich die Fragen elegant in Beratungs- und Betreuungsgespräche von Ihnen und Ihren Mitarbeitern einbauen?

011 Tip 106 aus Nr. 4/88	Ansprache im Kundenraum

Mit zunehmender Selbstbedienung und dem damit verbundenen Einsatz von Bankautomaten, in-door-Geldausgabeautomaten und Kontoauszugsdruckern verändern sich gewohnte Kontaktformen und Ansprachemöglichkeiten.

Während die Mitarbeiter bisher „geschützt" hinter einem Tresen oder einem Schreibtisch das Gespräch führen konnten, wird es künftig nötig sein, Kunden aktiv direkt im Kundenraum, bzw. bei der Bedienung der SB-Geräte anzusprechen. Diese Änderung muß von Ihnen als Führungskraft sorgfältig und behutsam vorbereitet werden, denn:

Wie reagiert der Mitarbeiter?

In vielen Fällen hat er ein wenig Angst, ob der Kunde nicht vielleicht unangenehm reagiert. Diese Scheu des Mitarbeiters überträgt sich auf die Intensität und die Qualität der Ansprache, weil der Mitarbeiter meist selbst unsicher ist.

Sie müssen also mit Ihren Mitarbeitern darüber sprechen, WIE die Ansprache vor sich gehen soll und WIE die Ansprecheformulierung erfolgen könnte, z.B.:

„Guten Tag. Ich freue mich, daß Sie uns besuchen. Wobei kann ich Ihnen behilflich sein?" („Welche weiteren Informationen darf ich Ihnen noch geben?")

Die weitere Formulierung wird von Fall zu Fall verschieden sein und muß von Ihnen mit Ihren Mitarbeitern besprochen werden, insbesondere die weiterführenden Fragen. Bei bekannten Kunden sind diese natürlich mit ihrem Namen anzusprechen. Empfehlenswert ist auch ein tragbares Namensschild, damit Ihr Mitarbeiter von unbekannten Kunden gleich als Bankmitarbeiter erkannt wird.

Wie reagieren die Kunden?

Überwiegend positiv. Die meisten Kunden sehen dies, bei geschickter Vorgehensweise der Mitarbeiter, als Service und als Hilfestellung. Und was besonders interessant ist: Bei einem solchen Gespräch, ohne trennende Barriere, sind viele Kunden bereit, mehr Informationen als sonst üblich preiszugeben.

Durch Ansprache im Kundenraum erhalten Sie mehr und qualitativere Informationen von Ihren Kunden, die Sie für geschäftliche Abschlüsse nützen können. Versuchen Sie, diese neue Kontakt- und Ansprachefom konsequent in Ihrer Geschäftsstelle umzusetzen.

012 Tip 6 aus Nr. 11/86	Wissen Sie schon, was Sie zu Weihnachten schenken werden?

Nicht nur für Sie selbst stellt sich diese Frage, sondern auch für viele Ihrer Kunden. Weihnachten, oder andere Festtage kommen immer näher und damit auch das Problem der Geschenke. Oft weiß man nicht, was man schenken soll. Selbst bei den engsten Verwandten und Freunden fehlt manchmal die passende Idee. Weitaus öfter bei den vielen „Gefälligkeitsgeschenken“, die man machen muß.

Die Zeit vergeht und in letzter Minute kauft man dann Bonbonnieren, Blumen oder Schallplatten. Nicht sehr originell und manchmal auch nicht passend. („Schon wieder eine Bonbonniere, wo ich doch nichts Süßes esse“, oder eine völlig falsche Musikrichtung bei einer Schallplatte.)

Bringen Sie etwas Abwechslung in das Schenken, indem Sie Ihre Silber- und Goldmünzen als Geschenke anbieten. Angefangen von kleinen Silberbarren bis zu speziellen Goldmünzen. Variieren Sie, indem Sie verschiedene Münzen zu Sets zusammenstellen.

Die Münzen verpacken Sie in einer schönen Kassette. Einige Kassetten sollten Sie schon vorbereitet in Geschenkpapier eingewickelt haben.

Wie verkaufen Sie Ihre Aktion:

- „Ein Geschenk für jeden Anlaß.“
- „Eine glänzende Geschenkidee.“
- „Ein Geschenk von bleibendem Wert.“

Diese Geschenkidee eignet sich nicht nur für Weihnachten, sondern für viele weitere Anlässe, z.B. Neujahr, Muttertag, Firmung, Abitur usw.

Geben Sie diese Aktion z.B. in die Verantwortung Ihres Kassierers. Er sollte auch für die entsprechende Präsentation in Vitrinen, in Schaufenstern sowie bei seiner Kasse sorgen, damit die Kunden optisch angesprochen werden. Achten Sie darauf, wenn Kunden von sich aus interessiert die ausgestellten Geschenkkassetten betrachten, denn damit wird Ihnen schon ein mögliches Kaufinteresse signalisiert.

Mit dieser Aktion helfen Sie Ihren Kunden, und Sie verdienen dabei. Oft entstehen daraus Stammkunden für das Münzgeschäft.

013 Kommentar 2/88	Wovor haben Verkäufer beim Verkaufen die meiste Angst?

Immer wieder können Sie beobachten, daß Ihre Mitarbeiter Scheu haben, einen Kunden anzusprechen (vgl. Tip 011). Bei der Vorbesprechung von Aktionen werden eine ganze Reihe von Gegenargumenten gebracht, wie z. B. folgende Auswahl:

- „Unsere Kunden wollen das nicht".
- „Das haben wir schon einmal ohne Erfolg probiert".
- „Die Konkurrenz hat bessere Angebote".
- „Das läßt sich in der Praxis nicht umsetzen".

Bei Telefonaktionen, wenn Kunden zu Hause angerufen werden sollen, hört man:

„Die Kunden sind nicht erreichbar, sie wollen nicht gestört werden".

Wo liegen die Gründe für diese Widerstände, für diese Scheu vor der aktiven Kundenansprache?

1. Der Mitarbeiter *hat Angst vor einer Ablehnung durch den Kunden.*

   Vor einem „Nein" des Kunden, vor einer ungehaltenen Reaktion.

2. Der Mitarbeiter *hat Angst, auf Fragen und Einwände des Kunden keine Antwort zu wissen.*

3. Der Mitarbeiter *hat Angst vor Mißerfolg.*

   Er befürchtet, die Erwartungen nicht erfüllen zu können. Er baut diesem möglichen Mißerfolg schon durch Negativargumente vor, indem er Produktnachteile und andere Argumente ins Treffen führt, warum das Angebot vom Kunden nicht angenommen wird.

4. Der Mitarbeiter *hat Angst vor Neuem.*

   Weil er meist unsicher ist, wie die Auswirkungen und Reaktionen darauf ausfallen.

Diese „Ängste“ äußern sich dann entsprechend in seinem Verhalten. Er wird zögernd und unsicher ansprechen, also keine Selbstsicherheit und Überzeugung ausstrahlen. Was dann oft dazu führt, daß der Kunde wirklich ablehnt oder vielleicht sogar auch ungehalten reagiert, was den Mitarbeiter in seinen Ängsten bestätigt. Es kommt damit zu einer „sich selbst erfüllenden Prophezeiung“. Die Bereitschaft des Mitarbeiters zur aktiven Kundenansprache wird immer geringer, nicht selten kommt es sogar zu kontraproduktivem Verhalten.

Wo liegen die Ursachen für diese Ängste?

Im mangelnden Können und Wissen?

– Wie spreche ich einen Kunden an?
– Wie antworte ich auf Gegenargumente des Kunden?
– Welche Anlässe kann ich wie für Angebote nützen?

Meist sagen wir unseren Mitarbeitern, WAS sie zu tun haben. Viel zu selten sagen wir Ihnen, WIE sie es tun können! Sie sagen zum Beispiel einem Ihrer Mitarbeiter, daß jeder Kunde anzusprechen sei, der einen größeren Betrag vom Sparbuch abhebt. Wenn Sie nicht dazusagen, WIE diese Ansprache als Frage an den Kunden formuliert werden soll, entstehen beim Mitarbeiter diese Ängste.

Wie können Sie mangelndes Wissen und Können bei Ihren Mitarbeitern beheben?

Indem Sie vor einer Aktion, vor einem neuen Angebot usw. mit Ihren Mitarbeitern die WIE-Argumentation besprechen. Es ist dies eine Aufgabe, die Sie nicht an die zentrale Schulungsabteilung „delegieren“ können, sondern die Sie selbst in Ihrer Geschäftsstelle mit Ihren Mitarbeitern wahrnehmen müssen. Schließlich entscheidet sich in der Erfüllung dieser Aufgabe Mißerfolg oder Erfolg Ihrer Verkaufsaktivitäten.

Mit welcher Aktion, mit welchem Produkt beginnen Sie?

Zu Ihrer Planung zusammenfassend nochmals die wichtigsten Punkte:

1. Durchführung einer Mitarbeiterbesprechung.
2. Information über die Gründe der Aktion, der Produkteinführung usw.
3. Erarbeitung der Verkaufsargumentation:
   - Welche Vorteile des Produktes – für welche Bedarfssituation des Kunden?

- Wie wird der Kunde angesprochen?
- Welche Einwände, Kaufwiderstände des Kunden sind möglich?
- Mit welchen Argumenten kann auf diese Einwände geantwortet werden?

4. Vorbildwirkung des Zweigstellenleiters: Machen Sie selbst aktiv bei der Aktion mit und ermuntern Sie Ihre Mitarbeiter „zum Probieren“.
5. Die Verkaufserfolge, vor allem die positiven Verkaufsargumente, die zu Abschlüssen geführt haben, laufend mit den Mitarbeitern besprechen.

Anerkennen und feiern Sie die Verkaufserfolge Ihrer Mitarbeiter. Dadurch motivieren Sie zu weiteren Verkaufsgesprächen.

014 Tip 73 aus Nr. 10/87	Vor der aktiven Kundenansprache

Nutzen auch Sie die Chancen aktiver Kundenansprache. Machen Sie Ihrem Kunden bewußt, daß er zusätzliche Vorteile aus der Zusammenarbeit mit Ihrem Institut ziehen kann. Für Bankkunden ist es häufig noch ungewohnt, daß ein Berater die Gesprächsinitiative ergreift. Dennoch empfinden Kunden in aller Regel die aktive Ansprache als persönliche Anerkennung und als Aufwertung der Person.

Bereiten Sie sich auf Ihren Kunden vor! Die gezielte Vorbereitung sichert Ihnen den Erfolg Ihrer aktiven Kundenansprache. Beobachtungen im Finanzverhalten oder Äußerungen des Kunden in den Geschäftsräumen der Bank oder Sparkasse erhöhen die Wahrscheinlichkeit einer erfolgreichen Ansprache. Die Anlässe können – neben zentral gesteuerten Verkaufs-/Aktionen – kundenspezifische Beobachtungen sein. Zum Beispiel:

– deutliche Einkommenssteigerungen,
– veränderte Zusammensetzung des Einkommens,
– Wohnungswechsel,
– Wechsel der Geschäftsräume oder Erweiterungen,
– kurzfristig hohe Guthaben,
– Überziehungen auf Privat-/Geschäftskonten,
– geringe Nutzung von Kreditrahmenvereinbarungen,
– Presseberichte über Firmen, Branchen, Vereinigungen, Verbände, Vereine,
– Werbemaßnahmen (Ausstellung, Tag der offenen Tür),
– Fälligkeiten von Anlagen (Sparbriefe, Wertpapiere), auslaufende Verträge (Kredit-, Sparverträge), fällige Versicherungen,
– Leistungsnutzung bei einem anderen Kreditinstitut,
– hohe Überweisungen von/an andere Kreditinstitute,
– hohe Barabhebungen,
– Sonderprogramme (zeitlich begrenzt),
– Kunden lange nicht gesehen,
– Kunden lange nicht gesprochen,
– Kunde nutzt nur vereinbarte (regelmäßige) Leistungen und keine neuen Leistungen,

– Berater-/Betreuungswechsel,
– usw.

Besorgen Sie sich möglichst aktuelle Informationen über Ihre Kunden (Ausdruck Ihres Kundeninformationssystems). Mit jeder zusätzlichen Information wird der Erfolg Ihrer aktiven Kundenansprache wahrscheinlicher, denn: Sie sprechen Aktuelles aus der Sphäre Ihrer Kunden an und agieren dementsprechend kundenorientiert.

015 Tip 79 aus Nr. 11/87	Beteiligen Sie Ihre Kollegen bei der aktiven Kundenansprache

Wer hat den häufigsten Kontakt zu Kunden in Ihrer Geschäftsstelle? Wer hat den besten persönlichen „Draht“ zu Kunden? Werden alle Kundenkontakte und vor allem Kundensignale in Ihrer Geschäftsstelle systematisch genutzt? Wer steuert bei Ihnen die aktive Kundenansprache?

Viele Kunden besuchen oft eine Bank- oder Sparkassenzweigstelle, ohne einen Berater zu sprechen. Der übliche Weg führt sie in den Schnell- und Servicebereich – also Kasse, Annahme, Schließfächer und Selbstbedienungseinrichtungen –, die Beratungszone wird nur selten betreten. Der Berater ist somit auf die Kundenzuführung durch seine Kollegen aus dem Service- und Kassenbereich angewiesen.

Die Mitarbeiter im Schnellbereich und auch in den Kassen hören viele erfolgversprechende Kundenäußerungen:

- „Was bringt zur Zeit ein Sparbrief?“
- „Zum Glück habe ich jetzt die letzte ... Rate bezahlt.“
- „Ich habe Ihr Plakat über Sparverträge gelesen; haben Sie auch kürzer laufende Verträge?“
- „Bei den Zinsen lohnt sich das Sparen ja nicht mehr!“
- „Wie ist das denn mit der Quellensteuer?“
- „Demnächst werde ich mir dann ein neues Auto bestellen.“
- „ ... und wie ist das mit Schecks in der Türkei? Kann ich die dort überhaupt einlösen?“

Solche Aussagen sind vielversprechende Ansatzpunkte für die aktive Kundenansprache. Doch in den seltensten Fällen hören Ihre Berater diese Kundenaussagen. Sprechen Sie deshalb für Ihre Zweigstelle feste Verfahren über die Kundenansprache und vor allem die Kundenzuführung ab. Zufall ist kein guter Verkäufer – gerade bei der Kundenansprache und der Überleitung vom Schnell- zum Beratungsbereich.

Die einzelnen Formen der Kundenzuführung eignen sich nicht für jede Zweigstelle; zu unterschiedlich sind die räumlichen und personellen Bedingungen. Wählen Sie den für Ihre Zweigstelle besten Weg aus:

- telefonische Überleitung,
- persönliche Zuführung durch den Schnellbereich,
- persönliche Abholung durch den Leiter oder den Berater,
- Zuführung durch Beratungsscheck oder jede andere zuverlässige Überleitung.

Sichern Sie den passenden Weg durch regelmäßige Informationen und Erfahrungsaustausch. Denn: Anlaßorientierte Ansprachen führen zu Abschlüssen.

016 Tip 86 aus Nr. 12/87	Aktive Kundenansprache: „Verkaufen" Sie Beratung!

Das klassische Beratungs- und Verkaufsgespräch beginnt durch die Beratungsnachfrage der Kunden. Der Kunde bringt somit Interesse und Zeit mit. Der Berater befindet sich in einer günstigen Situation. Der aktive Verkauf dreht die Positionen um: Bevor der Berater eine Bankleistung aktiv verkaufen kann, muß er den Kunden für das Gespräch gewinnen. Er hat den persönlichen Vorteil des Kunden zu verdeutlichen. Der Berater muß erst das Gespräch und erst dann die Bankleistung verkaufen.

Der Gesprächsanlaß kann in der Person oder der vorteilhaften Nutzung von Bankleistungen liegen. Die Ansprache sollte so offen sein, daß eine breite Palette von Angeboten Gesprächsgegenstand werden kann. Für die eigentliche Kundenansprache haben sich die drei Schritte der EVA-Formel bewährt:

1. Schritt: E = Einstieg/Begrüßung/Anlaß
2. Schritt: V = Vorteil/Nutzen für den Kunden
3. Schritt: A = Abschließende Frage/Akzeptanz des Kunden

Beispiel 1: „Guten Tag, Herr Kunde (E). Sie können jetzt eine aktuelle Anlageform nutzen, bei der Sie Ihre Familie günstig absichern können (V). Interessiert Sie das näher? (A)"

Beispiel 2: „Grüß Gott, Frau Kundin, freut mich Sie zu sehen (E). Ich habe heute einen interessanten Tip für Sie: Sie können eine Zusatzpension von über 500 Mark bei geringem Kapitaleinsatz erhalten (V). Darf ich Ihnen dazu nähere Informationen geben (A)?"

Beispiel 3: „Guten Tag, Herr Kunde (E). Ich sehe einen günstigen Weg, mit dem Sie Ihren Zinsertrag verdoppeln können (V). Das würde ich Ihnen gerne näher zeigen, ja (A)?"

Die Stufe E macht die Kunden gesprächsbereit. Die Stufe V produziert Interesse und Neugierde, so daß der Kunde nach der abschließenden Frage das Beratungsgespräch leichter akzeptiert. Stellen Sie die A-Frage fair. Der Kunde sollte bewußt auch mit „Nein" antworten können. Durch den V-Schritt ist die Verneinung eher unwahrscheinlich. Es ist das gute

Recht eines Kunden, die aktive Ansprache auch abzulehnen. Die positive Wirkung der aktiven Ansprache bleibt dennoch bestehen, und Sie sparen als Berater wertvolle Zeit und Energie für Gespräche mit besseren Abschlußchancen.

017 Tip 93 aus Nr. 1/88	„NEIN" – und jetzt?

Sie sprechen einen Kunden im Rahmen einer Verkaufsförderungsaktion aktiv an und stellen ihm nach einer nutzenorientierten Aussage eine Frage wie „Darf ich Sie darüber näher informieren?". Jetzt antwortet der Kunde zu Ihrer Überraschung „Nein".

Oft ist das schon der Ausstieg aus der aktiven Kundenansprache. Der Berater gibt enttäuscht auf. Jetzt hat er sicher seine Verkaufschance vertan. Das „Nein" darf noch nicht der Ausstieg aus dem Gespräch bedeuten. Bitte bedenken Sie, daß eine aktive Ansprache für den Kunden unerwartet kommt. Seine Gedanken drehen sich sicher nur um seinen Kundenwunsch. Er braucht oft noch Zeit, sich an Ihren Impuls und die denkbaren Vorteile Ihres Vorschlags zu gewöhnen. Das „Nein" ist also mehr als verständlich und häufig ein spontaner Schutz vor einem unerwarteten Thema.

Geben Sie deshalb Ihrem Kunden Zeit und sich selbst eine Chance für die Fortsetzung des Gesprächs. Dazu eignen sich drei unterschiedliche Wege:

- Die Alternativfrage „Herr ..., gilt das grundsätzlich oder nur heute?",
- die Zusatzinformation „Und zusätzlich bringt Ihnen das noch eine jährliche Steuerersparnis" oder
- die Vertiefungsfrage „Was interessiert Sie mehr: Eher eine einmalige Geldanlage, eher attraktive Finanzierungen oder sonstige Dienstleistungen unseres Instituts?".

Bei grundsätzlichen Ablehnungen bedanken Sie sich für die offene Aussage des Kunden. Seien Sie freundlich und halten Sie den Kontakt, zum Beispiel:

- „Vielen Dank für Ihre offene Aussage. Sie wissen ja, wenn Sie eine Frage haben oder eine Beratung benötigen, ich helfe Ihnen gerne. Kommen Sie vorbei oder rufen Sie bei mir an. Ich würde mich freuen."

Vielleicht haben Sie Glück und Sie erhalten trotz des klaren „Nein" einen Aufhänger für weitere Kontakte.

Kapitel 2: VERKAUFSFÖRDERUNG

018	Tip	Flip-Chart
019	Tip	Wer setzt sich bei Jungvermählten bei der Bankverbindung durch?
020	Tip	Wirkungsvoll demonstrieren
021	Tip	„Lesen Sie bitte insbesondere Punkt 2 auf Seite 3!"
022	Kommentar	Der durchschnittliche Kunde
023	Tip	Es gibt nicht nur Wunschkinder, es gibt auch Wunschkunden!
024	Tip	Visitenkarten: Statussymbol oder Akquisitionsinstrument?
025	Tip	Kann man am Weltspartag eine Verkaufsaktion durchführen?
026	Kommentar	Telefonleitfaden: Regelmäßiges Sparen mit Versicherungsschutz
027	Tip	Zum Jahreswechsel
028	Tip	Wissen Sie, daß eine Generation von Erben auf Sie zukommt?
029	Tip	Was machen Sie, wenn Sie einen Kunden lange nicht mehr gesehen haben?
030	Kommentar	Telefonische Kundenbetreuung
031	Tip	Aktionen auch in den Sommerferien?
032	Tip	Verlorene Aufträge
033	Tip	Wann kann man mit Ihnen auf das neue Jahr anstoßen?

018 Tip 101 aus Nr. 3/88	Flip-Chart

Gedruckte Informationen (zum Beispiel: Plakate, Handzettel, Prospekte und Broschüren) werden nicht immer von den Bank- und Sparkassenkunden so beachtet, wie es sich die Verkaufsverantwortlichen und die Ersteller wünschen. Deutlich höhere Aufmerksamkeitsquoten erzielen außergewöhnliche Hilfsmittel. Zum Beispiel plakatähnliche handschriftliche Hinweise auf Flip-Chart-Ständern.

Ein Flip-Chart ist eine bewegliche Tafel (Dreifuß) mit einer Papierschreibfläche von ca. 60 mal 120 cm. Sie kennen Flip-Charts sicher von Fach- oder Verkaufsschulungen. Dort werden sie Tafeln vergleichbar als mobiles Unterrichtsmittel verwendet. Stellen Sie den beschriebenen Flip-Chart als Blickfang direkt in die üblichen Wege Ihrer Kunden. Am besten direkt in den Kundenraum zwischen Eingang und Kasse Ihrer Geschäftsstelle.

Beschreiben Sie oder Ihre Mitarbeiter – Achtung: Keine Profischrift, aber gut lesbar – den Flip-Chart handschriftlich mit besonders aktuellen Informationen für Ihre Kunden. Hier einige Beispiele als Anregungen:

- Jetzt besonders günstig: 20.000,– DM für nur 395,– DM im Monat!
- Nur noch bis zum 30. April 19..: Sonderkredite für x%. Sie sparen 50% der Bearbeitungsgebühr. Fragen Sie Frau Meier.
- Jetzt aktuell: Aus nur 100,– DM im Monat werden über 15.000,– DM.
- Für Ihre nächste Reise: Testen Sie gratis die Eurocard oder Reiseschecks! Sprechen Sie mit Frau Schulze.
- Ab sofort höhere Zinsen: Mehr Zinsertrag bei gleicher Anlagedauer!

Prospekte mit Detailinformationen oder die Visitenkarte des verantwortlichen Beraters können Sie auf der Ablage des Flip-Charts auslegen. Wechseln Sie spätestens nach drei Wochen den Text aus. Nehmen Sie zeitweise den Flip-Chart wieder aus dem Kundenraum. Dadurch gewöhnt sich der Kunde weniger an das „Flip-Chart-Plakat“. Jeder einzelne Text erhält dann noch mehr Beachtung. Erwarten Sie sich von der Flip-Chart-Information keine Verkaufswunder. Der Flip-Chart verkauft keine Bankdienstleistungen. Der Flip-Chart dient gezielt der Verkaufsförderung. Er erleichtert Ihnen und Ihren Mitarbeitern die Kundenansprache:

– „Grüß Gott, Frau Sailer. Sie haben gerade unser Plakat gelesen. Hier habe ich einige Details zu ..."
– „Herr Brandtner, guten Tag. Gerade für Sie ist das ... auf dem Plakatständer besonders interessant. Was meinen Sie dazu?"

Stellen Sie den beschriebenen Flip-Chart auch wieder zur Seite. Lassen Sie ihn dabei nicht ungenutzt in einer Ecke einstauben. Er kann im Sozialraum alle Mitarbeiter an wichtige Zweigstellenziele oder überzeugende Argumentationen erinnern. Er läßt sich auch für Schulungs- oder Visualisierungszwecke schnell umfunktionieren.

019 Tip 112 aus Nr. 5/88	Wer setzt sich bei Jungvermählten bei der Bankverbindung durch?

Zwei junge Menschen heiraten. Sie hatte bisher ein Konto bei der Bank X, er bei der Bank Y. Welche gemeinsame Bankverbindung wählen Sie nun? Bank X oder Bank Y?

Wenn wir das nur wüßten. Also müssen wir versuchen, darauf Einfluß zu nehmen:

1. *Sichern Sie sich einen Bonus!*
   Wenn die bisherige Betreuung *Ihres* Kunden (also des einen der beiden) erstklassig war, so haben Sie diesen Bonus.
2. *Sichern Sie sich einen Startvorsprung!*
   Wenn Sie Ihren Kunden gut betreuen, sollten Sie dadurch auch rechtzeitig von der Vermählung erfahren und haben dadurch diesen Startvorsprung.

Sicherheitshalber sollten Sie aber regelmäßig die Aufgebote im Standesamt des Einzugsgebietes Ihrer Geschäftsstelle beachten und kontrollieren, ob sich Kunden von Ihnen darunter befinden. Dann Kontakt aufnehmen, gratulieren und versuchen, die Bankverbindung für Ihre Geschäftsstelle zu sichern.

Gratulation und Kontaktaufnahme empfiehlt sich aber auch dann, wenn beide Nichtkunden sind. Sie haben eine zweifache Chance:

1. Bei schlechter Betreuung wird ein solcher Anlaß gerne zum Wechsel der Bankverbindung genützt.
2. Oft ist mit Vermählungen auch ein Wohnortwechsel verbunden, wo man generell eine neue Bank oder eine neue Geschäftsstelle der bisherigen Bank sucht. Erfolgt dieser Wechsel im Einzugsgebiet der Geschäftsstellen Ihrer eigenen Bank, so nehmen Sie Kontakt zur „abgebenden" oder „empfangenden" Geschäftsstelle auf. Insbesondere wenn man „Abgeber" ist, wird dieser Kontakt oft nicht hergestellt, und etliche Kunden gehen dann im Laufe der Zeit verloren.

Rechtzeitige Kontaktaufnahme bei Vermählungen kann Ihnen die Bankverbindung sichern bzw. neue Kunden bringen. Sie gewinnen dadurch neue Kunden einer eher jugendlichen Zielgruppe, ohne daß Ihre Bank viel Geld für Werbung ausgeben muß.

020 Tip 26 aus Nr. 2/87	Wirkungsvoll demonstrieren

Die Demonstration, also die Unterstützung eines Verkaufsgesprächs durch den gezielten Einsatz von Prospekten, Übersichten, Tabellen, Broschüren oder Beispielsrechnungen, verstärkt eindrucksvoll die sprachliche Erläuterung von Bank- und Sparkassenangeboten. Der Erfolg der Demonstration wird durch das Beachten der folgenden Grundsätze unterstützt:

1. Sprechen Sie erst und zeigen Sie anschließend (oder umgedreht) – die sprachliche Kernaussage wird so durch die ergänzende optische Aussage vertieft und verstärkt.
2. Informieren Sie sich vor der Verwendung über die genauen Inhalte Ihrer Hilfsmittel – Sie können dann alle Hilfen sicher und gezielt einsetzen.
3. Verwenden Sie möglichst pro angesprochenem Angebot nur einen Prospekt – Sie vermeiden so die optische Überforderung des Kunden.
4. Machen Sie die allgemeinen Prospekte individuell – ergänzen Sie die Standardinformationen durch Kunden- und/oder Beraternamen, Telefonnummern/Durchwahl, aktuelle Zinssätze oder durch Markierungen wie Unterstreichen, Ankreuzen, Anstreichen, Umkreisen, Ausrufezeichen, Fragezeichen, Pfeile.
5. Verwenden Sie bevorzugt Übersichtsprospekte – Ihr Kunde sieht alle Angebote „auf einen Blick".
6. Achten Sie auf die Aktualität bei Gedrucktem – überholte Preis- oder geänderte Verfahrensangaben verunsichern Kunden.
7. Zeigen Sie Muster von Sparbüchern, Sparbriefen, gängigen Wertpapieren, Verträgen, Zertifikaten, Münzen, Edelmetallbarren – Kunden werden einen „Besitzdrang" verspüren.
8. Rechnen Sie mit den individuellen Daten und Zahlen Ihrer Kunden und nicht mit „runden" Beträgen – nicht jeder Kunde kann in der Schnelle allgemeine Ziffern und Angaben auf seine persönliche Situation übertragen.
9. Setzen Sie aktuelle Zeitschriftenauszüge (Börsentips, Leistungs- oder Gebührenvergleiche) ein.

10. Fordern Sie Kunden nicht auf, mit Unterlagen einen Wettbewerbsvergleich vorzunehmen – Ihre Abschlußchancen sinken nur; Sie arbeiten für Ihre Wettbewerber.

Die wirkungsvolle Demonstration beschleunigt häufig die Abschlußentscheidung der Kunden. Sie unterstützt den Kundenwunsch „Etwas Schriftliches" in die Hand zu erhalten. Er kann Ihr Angebot schwarz auf weiß nachvollziehen.

021 Tip 77 aus Nr. 10/87	„Lesen Sie bitte insbesondere Punkt 2 auf Seite 3!“

So können Sie Ihre schriftliche Kundeninformation interessanter machen! Versenden Sie einen Prospekt oder eine Broschüre und hängen Sie einen Steckzettel mit etwa folgendem Text an:

> Sehr geehrter Herr Müller,
> ich übersende Ihnen diesen Prospekt, weil ich meine, daß er für Sie von Interesse ist.
> Lesen Sie bitte insbesondere Punkt 2 auf Seite 3.
> Mit freundlichen Grüßen
> Ihr ....
> Bank ....

Der Kunde wird zumindest auf diesen besonders hingewiesenen Punkt achten. Deshalb sollte hier eine weitere handschriftliche Information stehen.

> „Dazu habe ich noch weitere Informationen für Sie.
> Ich darf mich deswegen in den nächsten Tagen bei Ihnen melden, bzw. Sie können mich unter der Telefonnummer .... erreichen.“

Tests in anderen Branchen haben gezeigt, daß mit dieser Methode eine deutlich höhere Kundenreaktion erzielt wird. Sicher ist dieser Tip nicht für Massensendungen geeignet, und Sie müssen bei der Übersendung von Informationen an Kunden (und Nichtkunden) auf folgende Punkte achten:

1. Genaue Überlegung, welche Information für welchen Kunden paßt. Solche Kenntnisse gehören dann in der Kundenkartei vermerkt.
2. Versenden Sie auf diese Art täglich drei Informationen. Vermerken Sie auch das Datum der Zusendung auf der Kundenkartei.
3. Rufen Sie drei Tage nach Versand den Kunden an! Auch hier ist nachfolgend das Gesprächsergebnis in der Kundenkartei zu vermerken.

Sie können Informationen auf diese Art individueller und persönlicher machen und dadurch beim Kunden größeres Interesse erreichen. Weiterhin erkennen Sie, wie wichtig gute Informationen in der Kundenkartei sind.

022 Kommentar 11/86	Der durchschnittliche Kunde

Wie gut kennen Sie als Zweigstellenleiter Ihre Kunden? Sicher sind Ihnen die besonders guten und wichtigen Kunden bestens bekannt, sicher haben Sie auch Ihre schwachen und Problemkunden im Auge. Doch was ist mit den vielen Bank- und Sparkassenkunden zwischen diesen beiden Gruppen: Wie gut kennen Sie Ihre durchschnittlichen, Ihre „normalen" Kunden wirklich? – Und wie oft suchen Sie gezielt den Kontakt zu dieser unauffälligen Kundengruppe?

Zwangsläufig liegt die besondere Aufmerksamkeit der meisten Mitarbeiter von Kreditinstituten bei den „guten" und den „schlechten" Kunden: Vor allem der Erfolg oder der Mißerfolg bei guten und wichtigen Kunden (Geschäftsvolumen, Einfluß, „Name") wirkt sich direkt aus. Vorgesetzte bis zur Geschäftsführung interessieren sich sehr schnell für Veränderungen.

Die Pflege der schwachen und Problemkunden wird von dem täglichen Arbeitsanfall (Telefonate, Post, Besuche dieser Kunden) bestimmt. Der Arbeitstag beginnt oft mit der Überziehungsliste und ihrem hohen Aufforderungscharakter für promptes Engagement. Untätigkeit kann sehr schnell zu Ausfällen, zu Verlusten und zu Reklamationen führen. Schwache und Problemkunden binden viel Zeit und Energie; echte und dauerhafte Erfolge werden dabei nur in Ausnahmefällen erzielt.

Die Aktivitäten bei den guten und wichtigen sowie den schwachen und Problemkunden lassen bei vielen Zweigstellenleitern und Beratern die durchschnittlichen Kunden „vergessen". Was kann die Folge begrenzter Aktivitäten bei durchschnittlichen und „normalen" Kunden sein?

1. Es wird *nur passiv verkauft*: Der Bankmitarbeiter erfüllt die Wünsche des Kunden, die ihm dieser äußert. Wünsche, die nur latent bei diesen Kunden vorhanden sind, werden nicht angesprochen und/oder bewußt gemacht. Der aktive Verkauf von Bank- oder Sparkassenleistungen unterbleibt bei dieser Kundengruppe.

2. Es erfolgt *kein Zusatzverkauf:* Der Kernwunsch des Kunden wird umfassend erfüllt, und damit ist der Verkauf beendet. Es besteht die Gefahr der Abfertigungsroutine, besonders bei starkem Publikumsandrang.

3. Es werden *nur Standardleistungen* an die durchschnittlichen Kunden verkauft: Beratungs- und damit auch bindungsintensive Bank- und sonstige Dienstleistungen werden vernachlässigt.

4. Es werden *wenig provisionsabhängige Leistungen* verkauft: Ursache sind vor allem die geringen Kenntnisse über den einzelnen Kunden. Außerdem fragt dieser Kundentyp diese Leistungen nur in Ausnahmesituationen von sich aus nach.

5. Es entsteht *keine intensive Bindung* zwischen Berater und Kunde: Die Kenntnisse über den persönlichen Bereich des Kunden sind begrenzt. Weitere und intensive Kontakte werden vom Berater kaum gesucht.

6. *Erfolgreiche Kunden* (= Aufsteiger) unter den durchschnittlichen Kunden *sind besonders abwanderungsgefährdet,* da sie nur schwer erkannt werden. Sie werden weiterhin wie die tatsächlichen durchschnittlichen Kunden nur durchschnittlich beraten und bedient. Mit steigendem Erfolg und Einkommen erwarten die nicht-mehr-durchschnittlichen Kunden eine individuellere Betreuung durch das Kreditinstitut.

7. Es wird der *Nachwuchsmarkt* aus dem Bereich der durchschnittlichen Kunden *nicht voll ausgeschöpft,* da Informationen von den durchschnittlichen Kunden (Hinweise, Referenzen, persönliche Gespräche, usw.) fehlen und auch nicht gezielt nachgefragt werden.

8. *Wettbewerber haben gute Chancen,* vor allem mit Spontankäufen wie Reisezahlungsmitteln, Münzen, Edelmetallen und später auch mit Geldanlagen in den Kundenkreis einzudringen. Mehr-Bank-Verbindungen bei durchschnittlichen Kunden werden sich zwangsläufig häufen.

Sie sehen: Begrenzte Aktivitäten bei Ihren durchschnittlichen Kunden führen zu langsamen und stetigen Marktanteilsverlusten. Deshalb: Nehmen Sie sich jeden Monat zehn durchschnittliche Kunden vor und starten Sie individuelle Betreuungsaktivitäten. Binden Sie auch Ihre Mitarbeiter ein, die noch am ehesten regelmäßigen Kontakt mit den durchschnittlichen Kunden Ihrer Zweigstelle haben. Mit Ihren Mitarbeitern erreichen Sie so schnell die „anonyme Masse" der durchschnittlichen Kunden. Ihre durchschnittlichen Kunden danken es Ihnen sicher.

023 Tip 44 aus Nr. 5/87	Es gibt nicht nur Wunschkinder, es gibt auch Wunschkunden!

Wunschkunden sind jene Nichtkunden, die wir gerne als Kunden haben möchten. Sie werden aus der großen Menge der Nichtkunden ausgewählt, weil wir besonderes Interesse an ihnen haben. Meist handelt es sich um gute Firmen, um Freiberufler, um leitende Angestellte.

Um diese Wunschkunden muß man sich besonders bemühen, man bekommt sie nicht beim ersten Versuch, sondern muß sie oft lange umwerben. Wichtig ist die Schaffung einer Kontaktbasis für die Zusendung von Informationen, für gelegentliche Anrufe und Besuche.

Jeder Mitarbeiter sollte neben der Betreuung von Kunden auch für zumindest 5 bis 10 solcher Wunschkunden verantwortlich sein.

Schritt 1:
Wählen Sie Ihre Wunschkunden aus und legen Sie für jeden Wunschkunden eine Karteikarte an.

Schritt 2:
Erstellen Sie ein Betreuungskonzept für Ihre Wunschkunden. Zum Beispiel:

- Regelmäßige Zusendung von bedarfsgerechten Fachinformationen.
- Aktuelle Informationen bei günstigen, neuen Angeboten (z.B. bei Förderung von Investitionen, bei interessanter Geldanlagesituation, bei Änderung von gesetzlichen, steuerlichen, juristischen Vorschriften, usw.).
- Glückwünsche (Weihnachten, runde Geburtstage, Firmenanlässe usw.).
- Einladung zu Vorträgen, zu Veranstaltungen.
- Beim Wunschkunden gelegentlich „vorbeischauen".
- Bei manchen Wunschkunden hin und wieder auch mal einkaufen.

Bestimmen Sie auch bei Wunschkunden die Häufigkeit und die Art der schriftlichen, telefonischen, persönlichen Kontaktanlässe, die in einer bestimmten Periode wahrgenommen werden sollen. Wenn man konsequent „am Ball" bleibt, werden solche Wunschkunden dann oft zu echten Kunden.

024 Tip 105 aus Nr. 4/88	Visitenkarten: Statussymbol oder Akquisitionsinstrument?

Meist werden Visitenkarten als Statussymbol angesehen. Nur bestimmte Personenkreise in der Bank oder Sparkasse erhalten sie; die Bestellung ist oft ein bürokratischer Hürdenlauf. Wenn man sie dann hat, werden Visitenkarten sorgfältig aufbewahrt und viel zu selten ausgegeben.

Wir sehen das anders:

Visitenkarten sollten so oft wie nur möglich in Gesprächen mit Kunden ausgegeben werden, für Folgegespräche mit demselben Kunden oder mit der Bitte um Weiterempfehlung an andere Personen.

Visitenkarten sind ein Akquisitionsmittel. Sie werden von den Empfängern überwiegend aufgehoben, und nicht selten erinnert man sich dadurch später an Ihr Institut.

Geben Sie daher Ihre Visitenkarten auch bei allen Gelegenheiten (geschäftlich, in der Freizeit, beim Sport, beim Einkaufen) im Gespräch mit Nichtkunden aus, denn irgendwann hat auch jeder Nichtkunde eine Frage, einen bestimmten Bedarf oder ist mit seiner Bankverbindung nicht mehr zufrieden.

Wie können Sie Ihre Visitenkarten persönlicher machen?

Indem Sie bei Übergabe handschriftlich eine der folgenden Alternativen auf die Rückseite der Visitenkarte schreiben:

- Rufen Sie mich bitte an!
- Ich freue mich auf Ihren Besuch!
- Wenn Sie mich 'mal brauchen!
- Empfehlen Sie mich bitte weiter!
- Heute bin ich Ihr Kunde, vielleicht sind Sie einmal mein Kunde!

Mit der Anzahl der ausgegebenen Visitenkarten erhöht sich automatisch die Anzahl von Kundengesprächen in der Folge. Tragen Sie und Ihre Mitarbeiter daher immer (dienstlich und privat) einige Visitenkarten bei sich, um diese entsprechend oft ausgeben zu können.

025 Tip 5 aus Nr. 10/86	Kann man am Weltspartag eine Verkaufsaktion machen?

Der Weltspartag ist jener Tag, an dem sehr viele Kunden zu Ihnen in die Zweigstelle kommen. Mehr als an jedem anderen Tag im Jahr. Da wären doch viele Chancen für Verkaufsgespräche.

Unmöglich, werden Sie sagen. Wir sind froh, wenn wir „das Geschäft" überhaupt schaffen. Andererseits, mit mehr Personal könnte man eventuell doch etwas mehr verkaufen, könnte man die Gelegenheit nützen, daß an diesem Tag viele Kunden kommen.

Sicherlich ist die Personalfrage wichtig, andererseits ist es fast mehr die richtige Organisation, auf die es ankommt. Wie die Praxis zeigt, sind Verkaufsaktionen am Weltspartag möglich und erfolgreich. Einige Tips dazu:

- Wenn Sie wirklich Personal brauchen, vielleicht helfen Ihnen an diesem Tag Kollegen aus der Zentrale? Rufen Sie mal an!
- Verkaufsaktionen nur für einfache, leicht erklärbare Produkte!
- Erarbeiten Sie mit Ihren Mitarbeitern die Verkaufsargumentation, insbesondere, wie man die Kunden anspricht. Am schwierigsten ist die Ansprache von Kunden, die in einer Reihe angestellt sind. Diese Kunden verhalten sich meist ablehnend.
- Erfolgreicher ist es, wenn Sie einen „Empfangschef" einsetzen, der die Kunden am Eingang begrüßt, auf das Aktionsprodukt anspricht und dann gleich zur richtigen Stelle weiterleitet! Bei einem Tisch, wo es Kaffee (und Kuchen) gibt, kommt man ebenfalls leicht ins Gespräch!
- Bereiten Sie die nötigen Formulare so vor, daß Sie alle Unterlagen auf einen Griff bereit haben!
- Setzen Sie sich mit Ihren Mitarbeitern für diesen Tag ein konkretes Verkaufsaktionsziel!
- Feiern Sie den Erfolg abends mit einer Flasche Sekt!

Am Weltspartag kommen viele Kunden, die sonst nur selten oder gar nicht kommen. Nützen Sie diese Kontaktchance für eine intensivere Bindung! Daher stellt sich nicht die Frage, ob wir am Weltspartag eine Verkaufsaktion machen *können*, wir *müssen* eine machen, wenn wir verkaufsorientiert agieren.

026 Kommentar	Telefonleitfaden: Regelmäßiges Sparen mit Versicherungsschutz

Ein sicherer Weg, Bank- und Sparkassenkunden an das eigene Institut zu binden, sind unterschiedliche Formen der kontinuierlichen Kundenbetreuung. Viele Absatz- und Vertriebskonzepte im Kreditgewerbe enthalten den Begriff Kundenbetreuung. Tatsächlich ist die regelmäßige Betreuung von Bankkunden aufgrund der Initiative der Bankmitarbeiter eher die Ausnahme. Die Regel ist das Warten auf den Kunden oder auf dessen Signale in Richtung Beratungsbedarf. Die Informationen über neue Angebote oder Leistungen können ein Ansatzpunkt des aktiven Verkaufens im Rahmen der kontinuierlichen Kundenbetreuung sein.

Gerade das Telefon ist ein schnelles, bequemes und von Kundenseite akzeptiertes Hilfsmittel bei der aktiven Ansprache und regelmäßigen Betreuung. Der Anruf zielt in der Regel auf eine Terminvereinbarung. Beispielhaft werden im folgenden die Bestandteile einer Verkaufsförderungsaktion dargestellt:

– Telefonleitfaden,
– Einwand-Argumentations-Übersicht
  und
– Leitfaden zum Ausstieg.

Der Telefonleitfaden entspricht dabei einem idealisierten Rahmen für das Gespräch. Er enthält

– die Beschreibung der Ausgangssituation,
– die Vorgehensweise des anrufenden Bank- oder Sparkassenmitarbeiters in wörtlicher Rede,
– denkbare und wahrscheinliche Aussagen und Antworten des angerufenen Kunden
– und die entsprechenden Reaktionen des Anrufers.

Der Telefonleitfaden liegt als Unterstützung vor dem Berater, wenn er seinen Kunden anruft. Er kann auch von einer geschulten Telefonverkäuferin (zentrale Telefonabteilung oder beauftragte Telefonagentur) verwendet werden. Er zeigt klar die Vorgehensweise und Standardformulierungen. Die Konzentration des Anrufers wird auf überzeugende Formulierungen gelenkt, er braucht sich weniger auf den Ablauf des Telefonats und seine Reaktionen auf schwierige Wiederstände zu konzentrieren. Der folgende Telefonleitfaden ist für eine zweistufige Verkaufsförderungs-Aktion entworfen:

- Stufe 1 = Telefonat
  und
- Stufe 2 = Betreuungsgespräch.

Die zweistufige Aktion erfordert keinen Ankündigungs- oder Aufhänger-Brief zur Vorbereitung des Telefonats.

Der Telefonleitfaden

1. Thema:	Regelmäßiges Sparen mit Versicherungsschutz Betreuungsgespräch
Zielgruppe:	Kunden zwischen 40 und 50 Jahren; Arbeitnehmer; regelmäßiges durchschnittliches und hohes Gehalt
Ziel:	Terminvereinbarung (möglichst im Kreditinstitut; in Ausnahmefällen: beim Kunden)
Ersatzziel:	Zustimmung des Kunden: Unterlagen zuschicken
Ausstieg:	Zustimmung des Kunden: Erneut anrufen dürfen

2. Vorgehensweise
Text der linken Spalte = Anrufer; fetter Text der rechten Spalte = mögliche Reaktionen; normaler Text der rechten Spalte = Antworten des Anrufenden

Guten Tag, mein Name ist Name, Vorname Name. Spreche ich mit Anrede Vorname Kundenname?	**Ja.** – Weiter: Linke Spalte unten – **Nein.** Bitte geben Sie mir Anrede Vorname Kundenname. **Ist nicht da.** Wann ist er telefonisch am besten zu erreichen?

Um was geht es?
Das sage ich Ihnen gerne. Mit wem spreche ich bitte? (Ehepartner) – Weiter linke Spalte – (Sonstige) Es geht um eine persönliche Angelegenheit. Wann ist er telefonisch am besten zu erreichen?

Habe keine Zeit.
Gut daß Sie das gleich ansprechen. Dann sollten wir einen Termin vereinbaren, zu dem Sie mehr Zeit haben.

Wer sind Sie?
Mein Name ist Name, Vorname Name. Ich möchte gerne Anrede Vorname Kundenname sprechen.

Ich hole ihn.
Vielen Dank für Ihre Hilfe.

Anrede Kundenname, Sie kennen mich sicher von der Bankname. Sie führen bei uns seit einigen Jahren ein Girokonto. Heute rufe ich Sie an, um Ihnen einen interessanten Tip zu geben: Sie können mit einem monatlichen Betrag von unter 200 Mark zu einer Zusatzpension von rund 500 Mark kommen. Den Weg dazu würde ich Ihnen gerne in einem persönlichen Gespräch aufzeigen.
– PAUSE machen! –

(Der Kunde soll in der Pause ausführlich Gelegenheit zum Äußern von Einwänden erhalten. Die Antworten sind in der Einwand-Argumentations-Übersicht enthalten. Besonders geeignet sind Antworten wie: ... und gerade darüber können wir dann auch in dem gemeinsamen Gespräch miteinander sprechen.)
– Weiter: linke Spalten unten

Wann paßt Ihnen ein solches Gespräch in der Bankname besser: ... oder ... ?

Kann in den nächsten Tagen nicht.
Gut, ist es Ihnen dann ... (späterer Termin) oder ... angenehmer?

	Um was geht es genau? Gut, daß Sie danach fragen. Ich zeige Ihnen gerne eine persönliche Lösung wie Sie ihre Pensionslücke bequem schließen können.
Ich halte noch einmal fest: Wir treffen uns dann am ... um ... in der Bankname.	**Kann ich auch meine Frau/ Steuerberater mitbringen?** Ja, natürlich. Das ist sicher für unser Gespräch von Vorteil.
Ich freue mich auf Ihren Besuch, Anrede Kundenname. Auf Wiedersehen. – Warten bis der Kunde auflegt –	

Einwand-Argumentations-Übersicht:	**Regelmäßiges Sparen mit Versicherungsschutz**
Ich habe keine Zeit.	Gut, dann sollten wir einen Termin vereinbaren, der Ihnen angenehmer ist. Wann ist es Ihnen lieber: ... (konkreter Terminvorschlag) oder ...?
Ich habe keinen Bedarf.	Aktueller Bedarf ist keine Voraussetzung für unser Gespräch. Ich würde Sie gerne umfassend informieren, und Sie entscheiden sich dann, wenn Sie es für sinnvoll erachten. Wann ...?
	Das verstehe ich. Dann schicke ich Ihnen völlig unverbindlich eine auf Sie zugeschnittene Beispielsrechnung. Sie werden staunen, was da für Sie drin ist.

Das ist mir noch zu früh.	Ja, das ist genau ein Thema über das wir reden sollten, denn Ihr Alter beeinflußt besonders Ihren Ertrag. Das zeige ich Ihnen gerne in unserem gemeinsamen Gespräch. Wann ...,
Ich bin schon versorgt.	Gut, dann wissen Sie schon um die Bedeutung der persönlichen Vorsorge. Vielleicht können wir dann im gemeinsamen Gepräch Ihre individuelle Vorsorge durchsprechen. Ich bin sicher, daß noch zwei, drei Tips für Sie drin liegen. Wann ...?
Warum rufen Sie gerade mich an?	Weil Sie Kunde der Bankname sind und ich diesen Hinweis für sehr wichtig für Sie halte. Wann ...?
Schicken Sie mir erst mal einen Prospekt zu.	Gerne schicke ich Ihnen einen Prospekt zur Vorbereitung auf unser Gespräch zu. Da eine Reihe persönlicher Aspekte im Prospekt nicht enthalten sind, sollten wir gleich einen Ihnen passenden Termin vereinbaren. Wann ...?
Ich habe kein Geld für so etwas.	Das höre ich öfter. Viele Kunden sind dann überrascht, was alles mit geringem Einsatz möglich ist. Das zeige ich Ihnen gerne in unserem Gespräch. Wann ...?
Können wir das nicht gleich am Telefon besprechen?	Das von mir angesprochene Thema ist sicher für ein Telefonat zu umfangreich. Da ich Ihnen

	zusätzlich auch noch einiges zeigen möchte, halte ich ein gemeinsames Gespräch auch in Ihrem Sinne für notwendig. Wann ...?
An was denken Sie?	Gut, daß Sie mich sofort danach fragen. Das möchte ich Ihnen gerne ausführlich zeigen. Ich denke beispielsweise daran, wie Sie bequem aus einem monatlichen Betrag eine sichere Zusatzpension von rund 500 Mark oder mehr machen können. Wann ...?
Ich habe einen anderen Berater.	Gut, daß Sie das ansprechen. Sie wissen ja, daß sich gerade bei Geldanlagen und Pensionsfragen ein Vergleich immer lohnt. Wann ...?
Ich habe schon einen Dauerauftrag laufen.	Genau deswegen möchte ich Ihnen zeigen, wie Sie Ihr Geld noch gewinnbringender anlegen können. Wann ...?
Das muß ich erst mit meinem Ehepartner besprechen.	Dann schlage ich Ihnen vor, daß wir das Gespräch zu dritt führen. Wann ...?
Ich komme bei Gelegenheit vorbei.	Das freut mich. Dann vereinbaren wir am besten jetzt gleich einen Termin, damit ich auch Zeit für Sie habe, wenn Sie vorbeikommen. Wann ...?
Das interessiert mich nicht.	Oh, das überrascht mich. Denn gerade in Ihrem Alter stellt sich besonders die Frage nach einer Zusatzpension. (Fortgesetztes Desinteresse: Leitfaden zum Ausstieg)

Ich will mich nicht so festlegen.	Das verstehe ich. In dem gemeinsamen Gespräch können wir dann unter anderem darüber sprechen. Wann ...?
Ich habe da sowieso eine Frage. Wie lange muß ich da einzahlen? Wer kommt da alles an das Geld?	Antworten wie „Ich will mich nicht so festlegen".

Leitfaden zum Ausstieg:

– Frühestens nach zwei deutlichen und spätestens nach drei normalen Einwänden:

Initiative zum Ausstieg selbst ergreifen! –

Habe ich Sie richtig verstanden, daß Sie im Moment an einem solchen Gespräch nicht interessiert sind?	**Nein.** Gut, Herr Kundenname. Dann vereinbaren wir am besten gleich einen Termin: Wann ...? **Ja.** – siehe linke Spalte –
Gilt das grundsätzlich oder nur heute, Herr Kundenname?	**Grundsätzlich, kein Interesse.** Vielen Dank für Ihre offene Aussage. Das werde ich natürlich respektieren. Sicher darf ich Sie bei einem wichtigen Anlaß wieder ansprechen? **Nur heute.** – siehe linke Spalte –
Dann werde ich in einigen Tagen, wenn Sie mehr Zeit haben, noch einmal bei Ihnen anrufen.	

Ausstiegssatz: Herr Kundenname, ich bedanke mich bei Ihnen für das Gespräch. Sie wissen ja, wenn Sie irgendwelche Fragen haben, können Sie gerne bei mir in der Bankname anrufen. Ich helfe Ihnen gerne weiter. Auf Wiederhören. – Warten bis der Kunde auflegt –

Der Ausstiegssatz ist auch am Ende sehr unangenehmer Telefonate angebracht. Er schafft regelmäßig eine positive Atmosphäre, auch dann, wenn kein positives Ergebnis erzielt wurde. –

Die hier vorgestellten Hilfsmittel zur aktiven telefonischen Kundenansprache sollten nicht auf Dauer festgeschrieben sein. Es hat sich bewährt, die Erfahrungen aus den einzelnen Telefonaten sofort in den Telefonleitfaden, die Einwand-Argumentations-Übersicht und/oder den Ausstiegsleitfaden einzuarbeiten. Der Erfahrungsaustausch mit ebenfalls telefonierenden Kollegen kann die Qualität der einzelnen Hilfsmittel kontinuierlich steigern.

Der hier vorgestellte Telefonleitfaden behandelt ein Thema. Die Verfahrensweise ist auf jedes andere verkäuferische Thema übertragbar. Die Erfolgsquote (Terminvereinbarung und Geschäftsabschluß) wird von dem angesprochenen Produkt und dem Bank- oder Sparkassenmitarbeiter bestimmt:

- Je bekannter der Berater und je bekannter die Bankdienstleistung, desto größer werden die Erfolgsquoten am Telefon und
- je weniger bekannt der Berater und die angebotene Bankdienstleistung sind, desto geringer werden die Abschlußquoten.

027 Tip 11 aus Nr. 11/86	Zum Jahreswechsel

So langsam geht das alte Jahr zu Ende. Überprüfen Sie einmal: Welcher Ihrer Kunden war lange nicht mehr in der Zweigstelle? Welcher Kunde hat im alten Jahr bei Ihnen nicht mehr abgeschlossen? Bei einigen Kunden kennen Sie sicher die Gründe. Bei den anderen sollten Sie möglichst noch im alten Jahr einen Kontakt, also ein Gespräch oder ein Telefonat, suchen. Denn:

1. Kunden, die zu Wettbewerbern abgewandert sind, können und müssen Schritt für Schritt mühsam zurückgewonnen werden.
2. Kunden, die verärgert sind, müssen mit Ihrer Unterstützung Gelegenheit erhalten, die Verärgerung zu vergessen.
3. Kunden, die angeblich „nicht mehr interessiert" sind, müssen befragt werden, um die Gründe des Desinteresses eindeutig zu ermitteln.
4. Kunden, die ohne ersichtlichen Grund ausbleiben, müssen betreut und an Sie und Ihr Institut gebunden werden.

Sie haben bessere Chancen, Kunden, die sich im vergangenen Jahr zurückgezogen haben, wieder dauerhaft zurückzugewinnen als neue Kunden zu finden, die weder Sie noch Ihr Kreditinstitut kennen. Außerdem spart die Pflege der unsicheren Altkunden Kosten im Vergleich zur Neuakquisition von Kunden. Dies gilt auch für Kunden, deren Umsätze so langsam „einschlummern".

Was brauchen fast alle Ihre Kunden zum Jahresbeginn?

Alle, die ein Girokonto haben, brauchen eine neue Kontoauszugsmappe. Geben Sie den Kunden, die Anfang Januar (oder auch schon ab Ende Dezember) zu Ihnen kommen, unaufgefordert und automatisch eine neue Kontoauszugsmappe mit. Viele Kunden denken nicht daran und werden Ihre Aufmerksamkeit schätzen.

Bei Kunden, die ihre Kontoauszüge in einem Briefschließfach bereitgestellt bekommen, legen Sie die Kontoauszugsmappe mit einem kleinen Steckzettel hinein. Bei Postversand gehen Sie sinngemäß vor.

Damit ist der Jahreswechsel nicht nur ein Anlaß zum Feiern, sondern auch ein wichtiger verkäuferischer Termin: zum Nachdenken über Kundenaktivitäten.

028 Tip 17 aus Nr. 1/87	Wissen Sie, daß eine Generation von Erben auf Sie zukommt?

Laut einer GfK-Studie ist das private Geldvermögen von DM 138,8 Mrd. im Jahre 1960 auf DM 2.200 Mrd. im Jahre 1985 gestiegen und wird weiter stark anwachsen.

Dies bedeutet, daß an die nächste Generation viel vererbt wird: nicht nur angelegte Gelder, sondern auch Besitz im weitesten Sinn, Häuser, Wohnungen bis zu Schmuck, Antiquitäten u.a.m.

Welche Konsequenzen hat dies für Ihre Bank?

1. Durch Vererbung wird ein Teil der bei Ihnen angelegten Gelder den Besitzer wechseln. Dabei stellen sich zwei Fragen:
   a) Sind die Erben Kunden Ihrer Bank oder erfolgt ein Wechsel zu einer anderen Bank?
   b) Bleibt das vererbte Geld angelegt oder wird es für Anschaffungen ausgegeben?

   Versuchen Sie daher, über Todesfälle rechtzeitig informiert zu sein.

2. Die Anlageberatung, im weitesten Sinn die Vermögensberatung, wird in Zukunft hohen Kundenansprüchen gerecht werden müssen. Die Erben werden nicht nur hohe Beratungsqualität erwarten, sondern auch höherwertige Anlageprodukte in Anspruch nehmen. Wertpapiere, Investmentfonds, Aktien werden im Standardangebot enthalten sein müssen.

3. Den meisten Menschen ist unklar, was bei Erbfragen alles zu berücksichtigen ist. Schon bei Erstellung eines Testamentes muß auf viele Kriterien geachtet werden, die nur wenigen bekannt sind. Lösen Sie dieses Kundenproblem durch eine Kundenveranstaltung in Ihrer Geschäftsstelle. Laden Sie einen Notar ein, der ein ca. einstündiges Referat mit anschließender Diskussion und Beratungsmöglichkeit zum Thema „Testament und Erbrecht" hält.

4. Setzen Sie für die Zielgruppe der älteren Kunden in Ihrer Geschäftsstelle weitere Aktivitäten, z.B.

- einen Informationsabend über Vorsorge für den Ruhestand,
- eine Seniorenjause,
- die Betreuung von Seniorenclubs usw.

Planen Sie Aktivitäten für ältere Kunden genauso wie für Ihre jungen Kunden. Sie vergrößern Ihre Chancen, daß Erbschaften bei Ihnen veranlagt bleiben und daß auch die Erben Ihre Kunden bleiben oder werden.

029 Tip 10 aus Nr. 11/86	Was machen Sie, wenn Sie einen Kunden lange nicht mehr gesehen haben?

Fällt es Ihnen überhaupt auf, ob ein Kunde schon lange nicht mehr da war? Oft stellen Sie diese Tatsache eher gefühlsmäßig und überrascht fest: „Herr Müller war eigentlich schon lange nicht mehr bei uns."
Oder Sie erkennen aufgrund der gezielten Durchsicht Ihrer Kundenkartei, daß das letzte Kundengespräch schon lange zurückliegt. Letzteres ist schon verkaufsorientierter.

Wie sieht denn die laufende Kundenbeobachtung in Ihrer Geschäftsstelle aus?

1. Vermerken Sie in Ihrer Kundenkartei den Termin des letzten Gespräches?
2. Sehen Sie monatlich (viertel-, halbjährlich) Ihre Kundenkartei durch, bei welchen Kunden dieser Termin länger als z.B. ein halbes Jahr zurückliegt?
3. Kontrollieren Sie regelmäßig Eingänge und Umsätze auf Ihren Kundenkonten, um Rückgänge oder gänzliches Ausbleiben möglichst früh feststellen zu können?

Art und Umfang dieser Beobachtung wird natürlich von der Anzahl und der Wichtigkeit bestimmter Kundengruppen abhängig sein.

Wenn Sie aber feststellen, daß Sie einen Kunden schon lange nicht mehr gesehen haben, was machen Sie dann? – Greifen Sie einfach zum Telefonhörer und rufen Sie an!

„... ich habe Sie schon lange nicht mehr bei uns gesehen ..."
„... ist alles in Ordnung? Oder sind Sie unzufrieden mit uns? ..."
„... kann ich irgend etwas für Sie tun ..."

Bereiten Sie sich die passende Formulierung vor!

Sollte ein Kunde wirklich unzufrieden sein, haben Sie durch den Anruf zumindest noch eine kleine Chance. Rufen Sie nicht an, merken Sie es erst, wenn Umsätze ausbleiben bzw. das Konto geschlossen wird. Dann ist es zu spät.

Wenn der Kunde merkt, daß Sie an ihm interessiert sind, dann ist auch er interessiert, seine Bankgeschäfte bei Ihnen zu tätigen! Deswegen sollte es nicht oft vorkommen, daß Sie einen Kunden „schon lange nicht mehr gesehen haben." Nämlich dann, wenn Sie mehr nach Ihren Kunden sehen.

030 Kommentar 12/87	Telefonische Kundenbetreuung

Mit fortschreitender Selbstbedienung müssen neue Kontaktchancen gesucht und genützt werden. Dabei wird das Telefon ein wichtiges Vertriebsinstrument für Ihre Geschäftsstelle werden. Mit dem Telefon soll dabei weniger ein direkter Produktverkauf erfolgen, es sei denn, es ergibt sich im Gespräch eine derartige konkrete Chance. Dann nützen Sie selbstverständlich diese Chance.

Primäres Ziel des Telefonvertriebs ist der Einsatz als Kontakt- und Betreuungsmittel für Ihre Kunden. Das Gesprächsziel ist die Vereinbarung von Terminen für Beratungsgespräche in Ihrer Geschäftsstelle, aber auch beim Kunden. Wenn Sie so wollen, so „verkaufen" Sie per Telefon Termine.

Das Anrufen Ihrer Kunden ist nicht nur juristisch unproblematisch (im Gegensatz zu Nichtkunden), sondern wird auch von den Kunden überwiegend positiv aufgenommen. Konkrete Testaktionen in der Bundesrepublik und in Österreich bestätigen dies. Negative und ablehnende Reaktionen liegen bei ca. 1%.

Das Gesprächsziel der Terminvereinbarung wird mit erstaunlich hohen Erfolgsquoten realisiert. Voraussetzung ist natürlich eine entsprechende Schulung Ihrer Mitarbeiter und eine professionelle Vorbereitung der Gespräche.

Darüber hinaus ist entscheidend, welche Kunden Sie bei welchen Anlässen anrufen. Ein gezielter und bewußter Einsatz des Telefons ist daher nötig.

Für welche Anlässe sollte der Griff zum Telefonhörer selbstverständlich werden?

1. *Information über Neuigkeiten*
   Ihre Kunden erwarten von Ihnen individuelle und persönliche Betreuung. Dazu gehören aktuelle Informationen, die für den Kunden von Interesse sein könnten. Überlegen Sie bei neuen Produkten, bei neuen Serviceleistungen, welche Kunden Sie darüber rasch telefonisch informieren wollen; ebenso bei neuen gesetzlichen, steuerlichen Bestimmungen.

2. *Zeitlich begrenzter Kundenvorteil*
Oft ist bei einem Angebot der Vorteil für den Kunden nur bis zu einem bestimmten Zeitpunkt gegeben, z.B. bis zum Jahresende. Meist sind es auch hier steuerliche oder gesetzliche Kriterien, die stichtagsbezogen verändert werden. Aber auch Zeichnungsfristen bei Wertpapieren und Aktien bzw. Wiederanlagerabatte z.B. bei Investmentfonds sind zeitlich limitiert. Erinnern Sie interessierte Kunden rechtzeitig per Telefon.

3. *Begrenztes Angebot*
Manchmal ist bei besonders günstigen Angeboten die Nachfrage größer als das Angebot, denken Sie nur an das Wertpapier- und Aktiengeschäft. Für Sie wichtige Kunden sollten Sie daher rechtzeitig telefonisch informieren, damit der Kunde zumindest eine Reservierung vormerken kann.

4. *Wichtige Veränderungen in der Geschäftsbeziehung*
Bei Konditionsänderungen, bei höheren Eingängen auf das Girokonto, um nur zwei Beispiele zu nennen, sollte der Kunde telefonisch informiert werden, damit er bei Bedarf rasch disponieren kann.

5. *Bei Ablauf von Produkten*
Bei ablaufenden Sparverträgen, Bausparverträgen, Versicherungsverträgen, ausbezahlten Krediten, Tilgungen von Wertpapieren, sollte kurz von Ablauf mittels Telefon jeder Kunde angesprochen und informiert werden.

6. *Wenn seit längerer Zeit kein Kundengespräch stattgefunden hat*
Wenn Sie diese Tatsache bei bestimmten Kunden feststellen, so sollten Sie diese telefonisch kontaktieren, um sich zu vergewissern, ob alles in Ordnung ist oder ob sie unzufrieden sind. Vielleicht können Sie im zweiten Fall die Kundenverbindung gerade noch retten.

7. *Besondere persönliche Serviceleistungen*
Individueller, persönlicher Service läßt sich nicht automatisieren, z.B. wenn Sie Ihre wichtigsten Kunden anrufen, bevor Sie in Urlaub gehen.

8. *Anruf jener Kunden, die Produkte über Vermittler abgeschlossen haben*
Insbesondere bei Kaufkrediten sind diese Kunden zu informieren, daß Ihre Bank den Kredit gegeben hat. Dies ist wichtig für Zusatzfinanzierungen, cross-selling-Möglichkeiten, Folgekredite usw.

9. *Wenn beim vergangenen Kundengespräch ein neuer Gesprächsanlaß vermerkt und auf Termin gelegt wurde*
   Der Kunde gab Ihnen eine Information für ein eventuell späteres Folgegeschäft. Vereinbaren Sie rechtzeitig einen konkreten neuen Gesprächstermin.

Nützen Sie diese neun Anlässe künftig konsequent!

031 Tip 49 aus Nr. 6/87	Aktionen auch in den Sommerferien?

Die Hauptferien- und -reisemonate Juli und August werden sowohl bei der Planung von zentralen als auch von dezentralen Verkaufsförderungsaktionen fast immer ausgespart. Als Standardbegründung dient die Behauptung, daß – neben der schwachen personellen Ausstattung – ein sehr großer Teil von (potentiellen) Kunden nicht erreichbar ist. Dies stimmt und stimmt doch wieder nicht.

Viele Kunden von Banken und Sparkassen sind in den Hauptsommermonaten an ihrem Wohnort. Nur etwas mehr als 50% der Gesamtbevölkerung fahren pro Jahr in Urlaub – und das natürlich über das ganze Jahr verteilt. Selbstverständlich gibt es einen deutlichen Reiseschwerpunkt im Sommer. Immer sind aber über 80% der Bevölkerung nicht verreist. Selbst in Regionen mit hoher Abhängigkeit von den Betriebsferien eines führenden Unternehmens bleiben genügend Zielpersonen für Sommeraktivitäten zurück.

Nützen Sie auch von Mitte Juni bis Anfang September die Chancen für Verkaufsförderungsaktionen. Sie haben gerade in diesem Zeitraum einige wichtige Pluspunkte auf Ihrer Seite:

- Die vom Urlaub Zurückgebliebenen haben in den Sommermonaten mehr Zeit als sonst.
- Sie können Ihre Aktionen unabhängig von zentralen Verkaufsförderungsaktionen planen und realisieren.
- Sie treffen im Sommer einen Teil der Kunden an, die sonst nur sehr schwer erreichbar sind.
- Sie heben sich positiv von Ihren Wettbewerbern ab, die im Sommer eher keine Aktionen starten.
- Sie verteilen Ihre verkaufsunterstützenden Aktivitäten gleichmäßiger über das Jahr (Entzerrung).
- Sie belasten Ihre Mitarbeiter gleichmäßiger und geben kontinuierlich verkäuferische Anstöße.
- Sie dokumentieren Ihren Kunden „rund um's Jahr“, daß Sie aktiv verkaufen.

Meiden Sie eher die besonders hektischen Tage des Jahres: Rund um Weihnachten, Jahreswechsel, Ostern und Pfingsten haben Ihre Kunden wenig Zeit. Wochen mit Feiertagen (2. Quartal des Jahres) führen oft ebenfalls zu schlechteren Aktionsergebnissen. Testen Sie einmal die Sommermonate mit einer „Idee für die Daheimgebliebenen"! Ihre Kunden werden es Ihnen danken, und Sie werden es nicht bereuen.

032 Tip 35 aus Nr. 3/87	Verlorene Aufträge

Sie haben einem Kunden ein umfassendes Angebot (z.B. Finanzierung, größere Geldanlage) unterbreitet. Der Kunde läßt lange nichts von sich hören. Sie fragen nach und kommen zu dem Ergebnis, daß er sich wahrscheinlich für ein Wettbewerbsangebot entschieden hat. Was unternehmen Sie jetzt? Was machen Sie mit den nebenbei angefallenen Informationen?

Analysieren Sie den verlorenen Auftrag, damit Sie bei der nächsten ähnlichen Verkaufssituation wieder zum Zug kommen. Fertigen Sie sich am besten eine Checkliste oder ein Formular für verlorene Aufträge an. Folgende Punkte können wichtige Bestandteile sein:

- Name des Kunden, Adresse, Telefonnummer
- Besonderheiten (Kollegen, Bekannte)
- Wettbewerber (Wer?, Hausbank)
- Wettbewerbsangebot (Was gab den Ausschlag?)
- Sonstige Produktnutzung (Interessen, künftiger Bedarf)
- Kundenerwartungen (Besonderheiten, Eigenarten)
- Warum wurde der Auftrag verloren?
- Was werde ich tun, um den nächsten Auftrag zu erhalten?
- Künftige Leistungswünsche des Kunden
- Termine (Anknüpfungspunkte, Aufhänger)

Um möglichst viele Punkte dieser Liste zu beantworten, ist ein Gespräch mit dem Kunden nach dem verlorenen Auftrag notwendig. Per Telefon oder im persönlichen Gespräch können Sie offen mit dem Kunden über seine anderweitige Entscheidung sprechen. Nur mit dem Wissen über verlorene Aufträge werden Sie künftig erfolgreicher sein. Wer nicht weiß, warum er einen Auftrag verloren hat, braucht sich nicht zu wundern, wenn er weitere Aufträge verliert!

Sie werden erstaunt sein, wie positiv Ihre Gesprächspartner auf Ihre Fragen reagieren. Ihre Kunden stehen nach Ihrem Angebot moralisch „in der Schuld“. Daß sie bisher nicht geantwortet haben, steigert die Mitteilungsbereitschaft. Wenn die Nachfrage nach einer verlorenen Finanzierung zur

Antwort des Kunden führt „Ich habe mich bei einer Hypothekenbank für vier Jahre festgelegt", dann haben Sie einen konkreten Aufhänger für in knapp vier Jahren. Sie müssen jetzt nur die wertvolle Information speichern, rechtzeitig wieder aktivieren und dann rechtzeitig aktiv werden.

033 Tip 88 aus Nr. 12/87	Wann kann man mit Ihnen auf das neue Jahr anstoßen?

Kleine Gesten der Aufmerksamkeit wirken auf Kunden immer positiv. Insbesondere wenn sie spontan wirken und von den Kunden nicht erwartet werden. Nützen Sie Anlässe, wo Sie Ihre Kunden überraschen können, zum Beispiel:

1. *Am letzten Arbeitstag im alten Jahr*
   Jedem Kunden, der zu Ihnen in die Geschäftsstelle kommt, wird ein Glas Sekt (oder Sekt-Orange) angeboten und alles Gute für das neue Jahr gewünscht. Wenn Ihnen die Aktion mit Sekt zu teuer kommt (wir sollten ja auch immer an die Kosten denken):
   Übergeben Sie Ihren Kunden an diesem Tag mit Ihren Wünschen einen kleinen Glücksbringer (der kostet nur ein paar Pfennige/Groschen). Es geht um die Idee, nicht um den Preis.

2. *Zum Frühlingsbeginn, anläßlich des Valentinstags oder des Muttertags*
   Geben Sie zu einem dieser Anlässe Blumen an Ihre weiblichen Kunden aus, die an diesem Tag (zum Valentinstag oder Muttertag ist es der Freitag davor) zu Ihnen in die Geschäftsstelle kommen. Entweder eine Rose, oder ein kleines Blumensträußchen, die Kosten dafür belaufen sich vielleicht auf eine Mark oder knapp darüber.

3. *Am Faschingsdienstag*
   Jeder Kunde, der zu Ihnen kommt, erhält einen „Faschingskrapfen“. Sie müssen dazu bei einem Bäcker eine entsprechende Anzahl Krapfen bestellen, weiterhin brauchen Sie Servietten, mit denen Sie die Krapfen übergeben. (Diese Aktion können Sie auch gemeinsam mit dem Bäcker durchführen.)

Denken sie darüber nach, welche weiteren Alternativen Sie haben, vielleicht bezogen auf ganz spezifische Gegebenheiten in Ihrem regionalen Einzugsgebiet.

Solche Aktionen haben große imagefördernde Auswirkungen, man spricht im nachhinein positiv darüber. Trotzdem sollten Sie diese Aktivitäten nicht vorher ankündigen, weil damit der Überraschungseffekt verloren gehen würde. Auch die Anzahl der Aktionen sollte daher auf zwei bis viermal jährlich begrenzt sein.

Vom Kunden nicht erwartete Aufmerksamkeiten schaffen ein gutes Gesprächsklima, bleiben in positiver Erinnerung, werden weitererzählt und festigen die Kundenbindung!

Kapitel 3: ZWEIGSTELLE

034	Tip	Sehen Sie sich gelegentlich Ihre Zweigstelle an?
035	Tip	Wie wird der letzte Kunde bedient?
036	Tip	Und das bei einer Überziehung von nur 500,– Mark!
037	Tip	Wall Street
038	Kommentar	Weißes Hemd oder Krawatte?
039	Tip	Der „Lieblingskunde“
040	Tip	Was kostet Sie eine Minute Großzügigkeit?
041	Tip	Alt und vergessen? Die „grauen Panther“ kommen!
042	Kommentar	Warum sind manche Zweigstellenleiter erfolgreicher als andere?
043	Tip	„Ist nicht da!“
044	Tip	Wie verabschieden Sie sich von Ihren Kunden?
045	Tip	Sitzposition
046	Kommentar	Was ich nicht weiß, macht mich nicht heiß ...!
047	Tip	Sind Sie bereit, 5 Minuten Ihrer Mittagspause zu opfern?
048	Tip	Effizienz-Formel
049	Tip	Verabschieden Sie sich von Ihren Kunden, wenn Sie in Urlaub gehen?
050	Tip	Rufen Sie mal in Ihrer Zweigstelle an!

034 Tip 45 aus Nr. 5/87	Sehen sich gelegentlich Ihre Zweigstelle an?

Täglich gehen Hunderte, wenn nicht Tausende von Menschen an den Auslagen Ihrer Geschäftsstelle vorbei.

Die Auslage ist eines unserer besten Werbemittel. Sie sollte daher:

- interessant sein,
- aktuell sein,
- ordentlich sein.

Dann sind Ihre Auslagen auch eine Einladung, Ihre Geschäftsstelle zu besuchen. Beachten Sie daher folgende Punkte.

1. Gehen Sie zumindest einmal monatlich Ihre Auslagen ab und kontrollieren Sie diese auf Aktualität. Wenn z.B. im Januar noch die Weihnachtsplakate hängen, so zeigt auch dies die Bedeutung, die man der Auslage beimißt.
2. Ihre Auslagen sollten immer sauber und ordentlich sein. Staub und tote Fliegen gehören entfernt. Die Überprüfung liegt in Ihrer Verantwortung als Geschäftsstellenleiter.
3. Fahren Sie gelegentlich mal nachts bei Ihrer Geschäftsstelle vorbei und überprüfen Sie, ob die Beleuchtung in Ordnung ist. Leuchtschrift, Auslagen usw., überall kann einmal ein Defekt sein. Gerade im Sommer, wenn Sie Ihre Geschäftsstelle nur bei Tageslicht sehen, ist eine gelegentliche Überprüfung notwendig.
4. Achten Sie insbesondere auf die Anbringung und Entfernung von Klebern. Oft fehlen nach einiger Zeit die Ecken und der Eindruck wird unansehnlich. Bei der Entfernung bleiben oft Reste kleben, oder man sieht die Ränder. Sorgen Sie dafür, daß dies in Ihrer Geschäftsstelle nicht passiert.
5. Überlassen Sie gelegentlich eine Ihrer Auslagen einem Kunden zur Präsentation seiner Waren. Das bringt Abwechslung und ist auch ein interessanter Blickfang. Sie können auch auf einer Tafel Bildberichte von Veranstaltungen in Ihrer Geschäftsstelle aushängen. Ihre Auslagen sollten durch immer neue Gestaltungsvarianten für Ihre Kunden stets interessant sein.

Der optische Eindruck Ihrer Geschäftsstelle ist Ihre Visitenkarte.

035 Tip 78 aus Nr. 10/87	Wie wird der letzte Kunde bedient?

Gleich wird die Geschäftsstelle geschlossen. Alle freuen sich schon darauf, die Freizeit zu genießen. Da kommt noch ein Kunde in letzter Minute herein.

Was erwartet ihn?

Stolpert er vielleicht schon über die Putzfrau, die gerade beginnt, den Boden sauber zu machen?

Oder lassen Ihre Mitarbeiter den Kunden spüren, daß er so spät schon ungelegen kommt?

Sind die Arbeitsunterlagen schon weggeräumt und die Kassen vielleicht schon halb geschlossen?

Können Sie für Ihre Geschäftsstelle positiv beantworten, daß auch der letzte Kunde noch gerne gesehen ist? Und bestens bedient und beraten wird, selbst wenn es mal 15 Minuten länger dauert? Auch wenn es selbstverständlich sein sollte, die Praxis zeigt, daß es oft nicht der Fall ist. In Extremfällen wird manchem Kunden sogar die Türe „vor der Nase" zugesperrt.

Überzeugen Sie sich davon, wie dies in Ihrer Geschäftsstelle gelebt wird. Wenn der letzte Kunde nicht zufriedenstellend bedient wird, so sprechen Sie mit Ihren Mitarbeitern. Ihre Kunden dürfen erwarten, daß Sie und Ihre Mitarbeiter so lange freundlich und servicebereit sind, bis der letzte Kundenwunsch erfüllt ist. Denken Sie dabei insbesondere an drei Punkte:

1. *Schließen*
   Bevor Sie schließen, schauen Sie, ob nicht noch ein Kunde heraneilt. Lieber eine Minute später schließen.
2. *Bedienung des letzten Kunden*
   Planen Sie von vornherein ein paar Minuten nach Schluß der Öffnungszeiten ein.
3. *Wegräumen*
   Erst dann, wenn kein Kunde mehr in der Geschäftsstelle ist.

Wenn der Kunde merkt, daß er ungelegen kommt, dann kann es passieren, daß er einmal gar nicht mehr kommt. Vermeiden Sie dieses Risiko.

036 Tip 65 aus Nr. 8/87	Und das bei einer Überziehung von nur 500,– Mark!

„Wegen einer Überziehung von DM 500,– bekomme ich von meiner Bank sofort ein Erinnerungsschreiben."

„Wenn eine Woche lang DM 30.000,– auf dem Konto als Guthaben liegen, habe ich von meiner Bank noch nie etwas gehört."

So könnte ein Dialog am Stammtisch oder in der Sauna laufen, der die Meinung über die Kundenbetreuung von Banken ausdrückt. In solchen Gesprächen werden oft positive oder negative Empfehlungen für einzelne Banken weitergegeben, die nicht selten für künftige Kundenentscheidungen maßgeblich sind.

Und wenn wir ehrlich sind, so ist an dem geschilderten Beispiel schon etwas Wahres daran. Bei Kontoüberziehungen haben wir meist ein funktionierendes System der Kundeninformation. Mahn- bzw. Erinnerungsschreiben gehen relativ rasch an den Kunden. Wenn dann noch Mahnspesen belastet werden, so ist der erste Schritt zum Verlust der Kundenverbindung oft schon getan.

Denn der Kunde beurteilt die Gesamtheit der Geschäftsbeziehung. Und wenn der gleiche Kunde dann eben z.B. DM 30.000,– auf dem Konto liegen hat und eine aktive Information durch uns erwartet, dann reagieren wir meistens nicht. Wir nehmen höhere Guthabenbestände als Selbstverständlichkeit hin, statt den Kunden über Anlagealternativen zu informieren.

Und das Argument des „billigen Geldes" für die Bank ist kurzsichtig und riskant, denn es kann irgendwann einmal zur Gänze abgezogen werden.

Wie sieht dies in Ihrer Geschäftsstelle aus?

Rufen sie Ihre Kunden an, wenn auf dem Konto höhere Guthaben liegen? Rufen Sie Ihre Kunden an, wenn größere Eingänge kommen?

Versuchen Sie, diese Informationen in Ihrer Geschäftsstelle so zu organisieren, daß damit eine entsprechende Kundenbetreuung ermöglicht wird.

Fühlt sich der Kunde nicht gut betreut, so verlieren Sie ihn möglicherweise ganz, wenn eine andere Bank diese Chance nützt. Aber wenn man am Stammtisch oder in der Sauna darüber spricht, wie gut Sie Ihre Kunden betreuen, so gewinnen Sie neue Kunden dazu.

037 Tip 107 aus Nr. 4/88	Wall Street

Gehen Sie gerne ins Kino? Dann werden Sie diesen Film wahrscheinlich schon gesehen haben! Oder zumindest darüber gehört haben.

Eine Bank hatte dazu eine gute Idee: Da der Film vom Inhalt her „bankgeschäftlich nahe“ war, lud diese Bank Wertpapierkunden zu einer Sonderaufführung in ein Kino ihres Einzugsgebietes ein, in dem der Film gespielt wurde. Bei einem Glas Sekt konnte man vor Beginn des Films mit den Kunden über Geldanlage diskutieren, die eigene Empfehlungspolitik für Geldanlagen darlegen oder einfach über andere Themen plaudern.

Diese Idee wurde von den Kunden sehr gut aufgenommen und eignet sich zur Nachahmung:

1. Für künftige Filme, die eine ähnliche Themenstellung haben bzw. sich mit Bank und Bankgeschäft auseinandersetzen.
2. Bei anderen Filmen für verschiedene Zielgruppen, zum Beispiel:
   - Kinderfilme
   - Filme für Jugendliche
   - „alte“ Filme für Senioren.

Natürlich ist auf die Eignung des Filmes für die betreffende Zielgruppe besonders zu achten.

Zur Organisation: Viele Kinos sind zu bestimmten Zeiten nur mäßig ausgelastet und bereit, mit Ihnen ein preislich günstiges Übereinkommen zu treffen.

Erweiterbar ist diese Idee durch Video:

- Dann können Sie diese Idee auch in geeigneten Räumlichkeiten in Ihrer Bank realisieren.

- Indem Sie Videofilme ankaufen und an Jugendliche oder Seniorenclubs, bzw. Seniorenheime übergeben. Natürlich in Form einer organisierten Übergabe durch Sie oder einen Ihrer Mitarbeiter.

Bestimmte Zielgruppen sind für solche Veranstaltungen besonders dankbar und fühlen sich gut betreut. Andere Kunden wiederum sehen dies als originelle Idee.

038 Kommentar 4/87	Weißes Hemd oder Krawatte?

Muß man bei einer Bank wirklich Sommer und Winter einen dunklen, konservativen Anzug mit weißem Hemd und unauffälliger Krawatte tragen?

Buck Rodgers, ehemaliger IBM-Marketingchef, schreibt in seinem 1986 erschienenen Buch „Die erfolgreichste Marketing-Organisation der Welt“:

„Eine der ersten Fragen, die über IBM gestellt wird, bezieht sich nicht auf die Unternehmensgröße, die Produkte oder die Firmengeschichte, sondern sie lautet: Muß man bei IBM wirklich Sommer und Winter einen dunklen, konservativen Anzug mit weißem Hemd und unauffälliger Krawatte tragen? Das ist eine wichtige Frage! Bei IBM gibt es keinen schriftlichen Dresscode. Das ist eine Tatsache. Aber es gibt eine ungeschriebene Kleiderordnung, die so erfolgreich ist, als ob sie aus Stahl gegossen wäre. Also heißt die ehrliche Antwort auf die Frage Nr. 1: ›Ja‹, oder wenigstens ›so etwa‹. Dann hört man sofort: Und das in den achtziger Jahren? Sie machen wohl Witze!“

Wie lautet die Antwort auf diese Frage in der Bank? In Ihrer Geschäftsstelle?

Jene Mitarbeiter, die für eine lockere Handhabung sind, führen als Gegenargumente an:

„Wenn man im Sommer bei 35 Grad Hitze einen Anzug mit Krawatte tragen muß und man dabei schrecklich schwitzt, so kann dies doch auch für den Kunden nicht angenehm sein, wenn man ihm so gegenüber steht oder sitzt.“

„Im Bankgeschäft ist heute die persönliche Beratung und Betreuung, das Vertrauen, also der ›Mensch‹ viel wichtiger als das Äußere.“

Nun, wir sind sicher dafür, bei 35 Grad im Schatten auch mal eine Ausnahme zu machen, also z. B. das Sakko oder vielleicht sogar das eine oder andere Mal auch die Krawatte abzulegen.

Aber wo sind die Grenzen? Bei 30 Grad, bei 20 Grad? Allzu leicht wird daraus eine ständige Usance, das weiße Hemd weicht einem bunten Freizeithemd oder im Winter einem Pullover. Und wir sind der Ansicht, daß Bankmitarbeiter nicht in Jeans, T-Shirts und anderer Freizeitkleidung ihren Dienst versehen sollten. Uns gefällt auch nicht das Klappern der

Gesundheitssandalen, wenn Mitarbeiter damit durch die Geschäftsstelle gehen.

Tatsache ist, daß nach wie vor ein Großteil unserer Kunden von einem Bankmitarbeiter geschäftliche Kleidung erwartet. Und geschäftliche Kleidung ist eben keine Freizeitkleidung, sondern ein Anzug mit Krawatte.

Wenn Sie der Vorstand Ihrer Bank zu einem Gespräch, zu einer Feier einlädt, werden Sie auch nicht in Freizeitkleidung erscheinen.

Wenn an zwei nebeneinander liegenden Schaltern der eine Mitarbeiter einen Anzug trägt, der andere daneben ein offenes Hemd oder einen Pullover, und ein neuer Kunde die Auswahlmöglichkeit zwischen den beiden Personen hat, so geht ein Großteil der Kunden zu dem Mitarbeiter im Anzug. Diese Reaktion wurde getestet und brachte dieses eindeutige Ergebnis.

Bei IBM tragen die Mitarbeiter des technischen Personals genauso einen ordentlichen Geschäftsanzug wie der Verkäuferstab. Seither werden sie bei Wartungsarbeiten gleichermaßen respektiert.

Sicherlich spielt auch die Freundlichkeit, die persönliche Ausstrahlung eine große Rolle. Aber die richtige Kleidung erleichtert es, den ersten Kontakt herzustellen.

John T. Molloy hat ein berühmtes Buch über erfolgreiche Kleidung am Arbeitsplatz geschrieben (Dress for Success): „Empfangsdamen ignorieren den Besucher im Sportjackett, bevorzugen aber den Geschäftsmann im Nadelstreifenanzug."

Es gibt Dutzende von derartigen Beispielen. Die Art, in der man sich kleidet, hat viel Einfluß darauf, welchen Eindruck man bei den Menschen hinterläßt. Dies wiederum beeinflußt die Art, mit der man behandelt wird.

Erich Norbert Detroy hat beim „Deutschen Außendiensttag 1987" von einer Untersuchung über die Wirkung der Bekleidung von Frauen im Verkauf berichtet: Frauen, die ein Kostüm oder einen Blazer tragen, sind erfolgreicher!

Ob es uns nun gefällt oder nicht: Wir arbeiten in einem Dienstleistungsbetrieb. Wir wollen verkaufen, und deshalb müssen wir uns auch an Kleidungsrichtlinien orientieren, die von unseren Kunden bestimmt werden. Und die Meinung unserer Kunden sollten wir ernst nehmen. Die Kritiker der Kleiderordnung meinen, der Anzug wäre unbequem und hinderlich. Wodurch wird ein Sportjackett bequemer als ein Anzug? Wenn der Anzug paßt, ist er auch bequem. Und im weißen Hemd fühlt man sich nur dann unwohl, wenn die Kragenweite nicht stimmt.

Somit sollte auch die Antwort auf die Fragestellung dieses Beitrags leicht fallen: „Ja" oder wenigstens „so etwa". Führen Sie auch in Ihrer Geschäftsstelle eine ungeschriebene Kleiderordnung ein, die konsequent eingehalten wird. Allen neuen Mitarbeitern sollten Sie Ihre diesbezüglichen Erwartungen gleich am Anfang mitteilen.

039 Tip 82 aus Nr. 11/87	Der „Lieblingskunde“

Die Tür der Zweigstelle öffnet sich nach innen. Herr/Frau ... tritt ein, und die Gesichter aller Mitarbeiter beginnen zu strahlen. „Guten Morgen Herr ...“, „Guten Tag, Frau ...“, „Grüß Gott, Frl. ...“ und sogar der lustloseste Mitarbeiter hält Blickkontakt zu dem Lieblingskunden der Zweigstelle. „Was macht die Familie?“, „Trinken Sie eine Tasse Kaffee mit?“, „Ich helfe Ihnen gerne zur Tür“, „Darf ich Ihnen das Paket zum Auto tragen?“ usw.

Der so umsorgte Lieblingskunde muß sich sichtbar und hörbar in seiner Zweigstelle wohlfühlen. Oder?

- Aber wie ergeht es zur gleichen Zeit allen anderen Kunden dieser Zweigstelle?
- Werden die anderen Kunden auch so schnell wahrgenommen, deren kleine Wünsche so zuvorkommend erfüllt?
- Erfolgen ebenfalls der Blickkontakt, die freundliche und spontane Namensnennung sowie die Kontaktfragen nach der Familie oder dem Sportverein?
- Wird den „gewöhnlichen“ oder gar den „schlechteren“ Kunden auch Kaffee und Begleitung zur Tür angeboten?

Denken Sie immer daran: Jede besondere Aufmerksamkeit gegenüber einem Kunden wird von allen anderen Kunden auch sehr schnell registriert. Erhält nur ein Teil der Kunden diese Aufmerksamkeiten (= Anerkennungen), so werden die nicht erteilten Aufmerksamkeiten als *persönliche Herabsetzung empfunden.* Kunden haben ein feines Gespür für Lieblingskunden und deren „Sonderbehandlung“.

Der bessere Weg im Umgang mit wichtigen und weniger wichtigen Kunden:

- Geben Sie allen Kunden möglichst oft Aufmerksamkeiten (Blickkontakt, Namensnennung, Freundlichkeiten).
- Bieten Sie den zusätzlichen (Top)-Service am besten in abgetrennten Räumlichkeiten (Besprechungszimmer).

- Übergeben Sie wertvolle Präsente nicht im Kundenraum.
- Suchen Sie als Zweigstellenleiter mit allen Kunden Ihrer Zweigstelle den Kontakt in kurzen Gesprächen.
- Unterstützen Sie Ihre Mitarbeiter im Service-/Schnellbereich; dadurch erhalten Sie häufigere Kontakte zu den „gewöhnlichen" Kunden.
- Kontrollieren Sie immer wieder einmal die Dienstleistungs- und Serviceeinstellung Ihrer Mitarbeiter.

Wenn Sie diese Merkpunkte künftig beachten, dann finden nicht nur Ihre Lieblingskunden Anerkennung, sondern auch alle anderen – wichtigen – Kunden Ihrer Zweigstelle.

040 Tip 1 aus Nr. 10/86	Was kostet Sie eine Minute Großzügigkeit?

Haben Sie selbst schon einmal vor einem Geschäft gewartet, bis geöffnet wurde? Meistens wird exakt auf die Minute geöffnet.

Trotzdem kann selbst eine Minute, die man vorher wartet, psychologisch sehr lange dauern. Man merkt dies, wenn Kunden auf die Uhr sehen, oder unruhig hin und her gehen. Warten ist meist mit negativen Empfindungen verbunden, insbesondere vor verschlossenen Türen.

Wie sieht dies in Ihrer Geschäftsstelle aus? Wann öffnen Sie? Sehen Sie nach, ob schon jemand vor der Türe wartet?

Seien Sie „überpünktlich" und öffnen Sie eine (oder auch zwei, drei) Minute(n) vorher, wenn schon jemand wartet. Insbesondere im Winter bei Kälte oder bei regnerischem Wetter könnten Sie Kunden schon etwas früher in die Geschäftsstelle lassen und sie bitten, noch etwas Platz zu nehmen.

Eine Minute Großzügigkeit kostet Sie nichts und wird von Ihren Kunden positiv registriert!

Denken Sie mit Ihren Mitarbeitern nach, wo Sie noch großzügig sein könnten, ein paar Anregungen bringen wir Ihnen folgend:

- Auch eine Minute später schließen!
- Kugelschreiber zum Schreiben anbieten, wenn Sie bemerken, daß ein Kunde etwas zum Schreiben sucht!
- Datum des Tages sagen, denn dies fällt vielen Leuten nicht ein, z.B. wenn sie einen Scheck ausstellen!
- Türe zur Geschäftsstelle öffnen, wenn Sie sehen, daß eine Frau mit Kinderwagen herein möchte oder ältere, gebrechliche Menschen sich schwer tun.
- Kleine Süßigkeiten für Kinder, die mit ihren Eltern kommen.

Überall dort, wo es Sie nichts kostet, sollten Sie großzügig sein, insbesondere was Ihre Hilfsbereitschaft und Servicebereitschaft betrifft.

041 Tip 53 aus Nr. 6/87	Alt und vergessen? Die „grauen Panther" kommen!

Wenn man sich heute die Werbung der Geldinstitute ansieht, so bemerkt man eine Fülle von Aktivitäten auf dem Jugendmarkt. Gebührenfreie Kontoführung, besondere Produktgestaltung incl. Namensgebung, individuelle Serviceleistungen zeigen die gewaltigen Bemühungen um diese Zielgruppe.

Das setzt sich fort in den Aktivitäten der Geschäftsstelle: Schulbesuche, Hausbesuche bei Entlaßschülern, eigene Jugendbetreuer, Jugendveranstaltungen usw.

Was tun Sie eigentlich in Ihrer Geschäftsstelle für die älteren Kunden? Gibt es auch für diese Zielgruppe gezielte Maßnahmen?

Denken Sie daran, daß sich der Anteil der Jugendlichen in den nächsten Jahren beträchtlich verringern wird. Dadurch verlagert sich die gesamte Altersstruktur zu den älteren Zielgruppen, über die auch schon heute überwiegend die Einlagengewinnung erfolgt. Aber auch das Verhalten der „älteren Menschen" hat sich geändert, so daß diesbezüglich für uns neue Zielgruppen entstehen.

„Die grauen Panther kommen", sagt man scherzhaft. Die Menschen bleiben viel länger aktiv und dynamisch. Jene, deren Kinder erwachsen geworden sind, zeigen Lebenslust, erwarten noch hohe Lebensqualität. Bis hinein in das Pensionsalter hat man Interesse am gesellschaftlichen Leben, macht Reisen, beteiligt sich an Aktivitäten.

Planen Sie also Aktivitäten für diese neuen Zielgruppen:

- Besondere Tips für die Geldanlage, denn mit dem „alten Sparbuch" alleine werden die „neuen Zielgruppen" nicht mehr zufrieden sein.
- Ein Informationsabend über Vorsorge für den Ruhestand, denn die „neuen Alten" werden vermehrt Eigenvorsorge betreiben.
- Ein Vortrag über Testamentsfragen und Erbrecht, denn diese Zielgruppen haben beträchtliches Vermögen angesammelt.
- Reiseangebote, Veranstaltungsangebote usw.

Die neuen Zielgruppen unter den älteren Kunden erwarten von Ihnen ein aktives Verhalten. Sie sind für gute Betreuung besonders dankbar und danken Ihnen dies mit besonderer Treue.

042	Warum sind manche Zweigstellenleiter erfolgreicher als andere?

Diese Frage wird oft gestellt, wenn man die unterschiedlichen Ergebnisse von Geschäftsstellen vor sich liegen hat. Man sucht nach Berechnungsmodellen, um mit Zahlen argumentieren zu können, man fragt sich, wo die Ursachen liegen.

Liegt es am Markt, in dem sich die Geschäftsstelle befindet?

Nur zum Teil ist der Markt ausschlaggebend. Es gibt Geschäftsstellen in vermeintlich schlechten Märkten, die tolle Zuwachsraten erzielen, und in guten Märkten gehen hingegen Marktanteile verloren. So liegt es überwiegend an der Person des Geschäftsstellenleiters, ob eine Geschäftsstelle Erfolg hat. Sein Verhalten und Wirken lösen jene Aktivitäten aus, die zum Erfolg führen. Er muß vor allem agieren, statt reagieren. Es genügt heute nicht mehr, darauf zu warten, daß die Kunden in die Geschäftsstelle kommen, sondern man muß ihnen entgegengehen und versuchen, Chancen zu erkennen, die zu ertragswirksamen Abschlüssen führen.

Liegt es an der Einstellung des Geschäftsstellenleiters?

Ja, ganz entscheidend. Er muß eine positive Einstellung zu seiner Tätigkeit mitbringen. Er darf nicht über Unmöglichkeiten (warum etwas nicht geht), sondern muß über Möglichkeiten (wo haben wir Chancen?) sprechen. Der Wille zum Erfolg zeichnet einen erfolgreichen Geschäftsstellenleiter aus.

Liegt es am Talent?

Nein. Machen Sie sich klar, daß Sie für den Erfolg mehr arbeiten, mehr nachdenken müssen. Vor allem liegt es an Ihrer Konsequenz und Ausdauer, ob Sie Erfolg haben.

Liegt es an besseren Beziehungen?

Natürlich haben erfolgreiche Geschäftsstellenleiter bessere „Beziehungen" als weniger erfolgreiche! Aber die meisten haben sich diese Beziehungen kontinuierlich aufgebaut, durch Kontakte, Kundenbesuche, Empfehlungen.

Liegt es an den Mitarbeitern?

Selbstverständlich kann der Geschäftsstellenleiter nicht alleine zum Erfolg kommen. Er braucht engagierte Mitarbeiter, die sich ebenfalls voll mit ihren Aufgaben identifizieren. Es gibt nur wenige wirklich „schlechte und unwillige" Mitarbeiter. Es liegt überwiegend an der Führung durch den Geschäftsstellenleiter, ob Mitarbeiter motiviert sind oder nicht.

Liegt es am Wissen?

Ja, aber nicht das Fachwissen ist ausschlaggebend. Ein erfolgreicher Geschäftsstellenleiter braucht Wissen, wie er den Verkauf steuern kann, wie er die Marketinginstrumente einsetzen kann, wie er seine Arbeit organisiert, wie man Verkaufshilfen optimal einsetzt, worauf man bei der Führung der Mitarbeiter achten muß und einiges mehr. Der Geschäftsstellenleiter ist Verkaufsleiter, Manager, Unternehmer für einen kleinen bis mittleren Betrieb, seine Geschäftsstelle.

Sie sehen also, es liegt zum großen Teil an Ihnen selbst, ob Sie unter den Erfolgreichen sind.

Wie wurden Sie Zweigstellenleiter?

Den meisten ist dies gar nicht bewußt, bzw. sie wurden nie über die Gründe der Auswahl informiert. Meist war gute Sachkenntnis in bestimmten Fachgebieten ausschlaggebend oder die Tätigkeit in einer bestimmten Abteilung der Bank (Kreditabteilung, Revision) oder eine eher hierarchische oder altersbedingte Nachfolge aus den Zweigstellen.

Management-, Verkaufs- und Führungswissen bzw. -praxis wurde den Geschäftsstellenleitern vor ihrer neuen Funktion eher selten vermittelt. Dies mußten sich die meisten selbst aneignen, manchmal auch mit Erfahrungen, die man hätte vermeiden können. Angewandtes Marketing ist daher nur in wenigen Geschäftsstellen zu finden. Auch wurde fast nie über die Erwartungen gesprochen, die an den Geschäftsstellenleiter gestellt werden.

Damit Sie Ihre Aufgaben als Geschäftsstellenleiter erfüllen können, müssen Sie jedoch eine klare Vorstellung über die verschiedenen Erwartungen haben, die an Sie gestellt werden.

Welche Erwartungen richtet Ihre Geschäftsleitung an Sie?

Im Prinzip sollen alle Ihre Aktivitäten einen Beitrag zur Erreichung der unternehmenspolitischen Ziele leisten. Diese sind auch auf Ihre Geschäftsstelle zu übertragen.

1. *Qualifiziertes Wachstum*

Ist der Markt verteilt? In der Quantität ja, denn fast jeder hat heute eine Bankverbindung.

Wo gibt es dann noch Wachstumschancen?

- Es gibt in Teilsegmenten noch „neue Märkte", denken Sie nur an den Jugendmarkt. Aber auch mit neuen Produkten (Vereinsservice, Aufnahme der Versicherungspalette ins Angebot usw.) kann man in einen für die Bank neuen Markt kommen.
- Über die Qualität! Wenn Kunden bei der Konkurrenz schlechter betreut werden, unzufrieden sind, dann haben Sie gute Chancen. Aber Achtung: das kann natürlich auch umgekehrt der Fall sein, wenn Ihre Kunden bei Ihnen schlecht betreut werden. Diese Gefahr besteht insbesondere bei den sogenannten „durchschnittlichen" Kunden (Kommentar 022), über die wir wenig wissen und die wir oft auch aus Zeit- und Kapazitätsgründen nicht ausreichend betreuen.

Das heißt, über die Qualität wird der Markt täglich neu verteilt. Seien Sie dabei!

2. *Festigung der Marktstellung*

Für die Sicherheit Ihrer Bank ist der „Besitz von Märkten" entscheidend, auf denen ihre Produkte abgesetzt werden können.

Für die Geschäftsstelle bedeutet dies, daß man nach Teilmärkten vorgehen muß. Je nach Marktgegebenheit eines regionalen Zweigstellenmarktes wird man nach Stärke oder Schwäche bei einer Produktsparte oder einer Zielgruppe unterschiedliche Strategien planen. Die Aktivitäten werden auf „Halten", „Intensivieren" oder „Extensivieren" ausgerichtet sein müssen.

3. *Gewinne erzielen*

Aus der Anzahl Ihrer Kundenverbindungen entstehen durch den Verkauf von Produkten jene Erträge, mit denen Ihre Bank wirtschaften kann. In Zukunft wird die Ertragskomponente das entscheidende Kriterium für Ihre Geschäftsstelle sein. Über eine entsprechende Kundenkalkulation bis zur profitcenter-Rechnung werden Sie daran gemessen werden, wieviel Ertrag Sie in Ihrer Geschäftsstelle erzielen. Dabei kommt es nicht nur auf das Erzielen von Erträgen aus dem Kundengeschäft an

(Zinsspanne, Provisionserträge), sondern auch auf die bewußte Budgetierung von Personal- und Sachkosten.
Dies bedeutet schon heute für Sie:

- Eine bewußtere Konditionenverhandlung in Kundengesprächen,
- eine bessere Relation zwischen Einsatz von Personalressourcen und Verkauf von qualitativen, deckungsbeitragsstarken Produkten,
- eine genauere Kosten-Nutzen-Überlegung bei Ihren Aktivitäten.

Sie sollten wie ein Unternehmer handeln, wie ein Inhaber eines kleinen oder mittleren Betriebes, der sich und seine Familie davon ernähren muß und auch gut leben möchte, indem er seine Kunden zufriedenstellt und durch qualitatives Wachstum Gewinn erzielt.

Welche Erwartungen stellen Ihre Mitarbeiter an Sie?

Wenn man von Motivation spricht, so ist dies keine Taktik, die man bei Bedarf einsetzen kann, sondern ein Ergebnis aus zwischenmenschlichen Beziehungen. Motivieren heißt, Erwartungen der Mitarbeiter erfüllen.

1. *Information*
   Geben Sie Informationen „von oben" an Ihre Mitarbeiter weiter? Informieren Sie bei Aktivitäten über geschäftspolitische Schwerpunkte? Nur wenn Ihre Mitarbeiter über die Gründe solcher Schwerpunkte Bescheid wissen, können Sie diese auch sinngemäß umsetzen. Informationen sollten persönlich im Rahmen von Mitarbeiterbesprechungen vermittelt werden.

2. *Kommunikation*
   Wann haben Sie das letzte Mal mit Ihren Mitarbeitern ein Gespräch geführt? Täglich, werden Sie sagen. Sicher ja, aber dann meist über das Tagesgeschäft, aktuelle Probleme oder konkrete Arbeitsanleitungen. Wir meinen damit die bewußte Kommunikation:

   - Das Mitarbeitergespräch über die Erwartungen, die Sie stellen; das Gespräch über die Leistungserfüllung; das Gespräch über die Entwicklung und Förderung eines Mitarbeiters. Diese Gespräche müssen geplant und vorbereitet sowie ein angemessener Zeitrahmen dafür vorgesehen werden.

- Die Mitarbeiterbesprechung über Verkaufsergebnisse, Verkaufserfolge, über neue Aktionen, über neue Produkte, über Verkaufsargumentation, über Verhalten gegenüber Kunden, über ablauforganisatorische Verbesserungen usw. Auch diese Besprechungen sollten geplant und vorbereitet sowie in regelmäßigen Abständen durchgeführt werden.

3. *Delegation*
Das Übertragen von Verantwortung erhöht die Leistungsbereitschaft und schafft Freiräume für die Mitarbeiter, wo sie eigeninitiativ und selbständig agieren können. Überlegen Sie, welche Aufgaben Sie an welche Mitarbeiter zusätzlich delegieren können. Insbesondere ist dabei an die selbständige Betreuung von zugeordneten Kunden zu denken. Aber auch die Aufgabenübernahme im Rahmen von Verkaufsaktionen oder die Abwicklung von Geschäftsfällen.

4. *Vertrauen*
Wie entsteht Vertrauen? Durch miteinander gemachte Erfahrungen in guten und schlechten Situationen. Wenn Sie diese Vertrauensbasis zu Ihren Mitarbeitern haben, sind viele bereit, Ihnen zu folgen, ohne die genauen Gründe für Ihr Handeln zu kennen. Weil sie Ihnen eben vertrauen!

5. *Anerkennung*
Wann haben Sie das letzte Mal einen Ihrer Mitarbeiter gelobt? Oder überhaupt bemerkt, daß es etwas zu loben gibt? Bei Fehlern oder schlechten Leistungen greift man ein. Gute Leistungen nimmt man viel zu leicht als selbstverständlich hin. Achten Sie darauf und zeigen Sie Ihren Mitarbeitern durch anerkennende Worte, daß Sie gute Leistungen bemerken.

6. *Anwaltsverhalten*
Sind Sie bereit, Ihre Mitarbeiter bei Fehlern zu verteidigen? Nur wer nichts macht, macht auch keine Fehler. Wer Mut zum Handeln hat, risikobereit ist, dem können manchmal auch Fehler passieren. Sprechen Sie mit diesem Mitarbeiter, wie man Fehler vermeiden kann, aber verteidigen Sie ihn nach außen.

7. *Zuhören*
Versuchen Sie, durch gezielte Fragestellung mehr von Ihren Mitarbeitern zu erfahren. Über ihre Ideen, ihre Vorschläge, ihre Beweggründe, ihre Hoffnungen, ihre Sorgen. Reden Sie selbst weniger, fragen Sie und hören Sie zu. Ihre Mitarbeiter werden sich mehr identifizieren, und Sie haben weit mehr Informationen, um effizienter handeln zu können.

8. *Fairness*
Regeln, Normen, die Sie für Mitarbeiter aufstellen, gelten auch für Sie. Wenn Sie z. B. von Weihnachten bis Anfang Januar eine Urlaubssperre anordnen, dann dürfen auch Sie nicht zu diesem Zeitpunkt auf Urlaub gehen.
Wann sprechen Sie mit Ihren Mitarbeitern? Über welches Thema?

Welche Erwartungen haben Ihre Kunden an Sie?
Wir unterscheiden dabei den persönlichen Bereich (Verhalten der Mitarbeiter) und den geschäftlichen Bereich (Kompetenz der Mitarbeiter):

1. *Persönlicher Bereich*
   - Kunden beim Hereinkommen gleich bemerken, rasche Bedienung
   - Grüßen, Namensansprache
   - Freundlichkeit und Höflichkeit
   - Kenntnis personenbezogener Merkmale bei langjährigen Kunden
   - Gefühl, besondere Leistungen zu erhalten (z. B. aktuelle Informationen)
   - Gefühl, daß man sich um den Kunden bemüht (Zeit, Beratungsplatz)
   - Servicebereitschaft und Hilfsbereitschaft
   - Individuelles Eingehen auf den Kunden
   - Bedanken für den Besuch, das Vertrauen, den Abschluß
   - Gesten („Großzügigkeit"), z. B. eine Minute früher öffnen usw.

2. *Geschäftlicher Bereich*
   - Stammkundenbetreuer, Ansprechpartner für alle Geldgeschäfte
   - Fachliche Kompetenz
   - Problemanalyse und Problemlösungsvorschlag
   - Angebot von Alternativen
   - Empfehlungen geben
   - Zielgruppenspezifisches Wissen und Serviceleistungen

- Schnelle und unbürokratische Entscheidungen
- Günstige Konditionen
- Diskretion, Bankgeheimnis
- Exakte, schnelle Abwicklung, Korrektheit usw.

Sie werden über diese punktuelle Auflistung hinaus sicher noch etliche andere Kundenerwartungen kennen. Um sich besonders darauf einzustellen, empfiehlt es sich, diese Fragestellung („Was erwarten die Kunden von uns") von Zeit zu Zeit, zumindest einmal jährlich, mit Ihren Mitarbeitern zu diskutieren und gemeinsam einen Soll/Ist-Vergleich für Ihre Geschäftsstelle zu machen.

Wenn es Ihnen gelingt, die verschiedenen an Sie gestellten Erwartungen möglichst optimal zu erfüllen, so haben Sie gute Chancen, zu den erfolgreichen Zweigstellenleitern zu gehören. Für die konkrete Umsetzung von Aktivitäten zu dieser Zielsetzung gibt Ihnen dieses Buch eine Fülle von praktischen Tips. Nützen Sie diese, Sie werden mit Sicherheit erfolgreicher als andere sein.

043 Tip 85 aus Nr. 12/87	„Ist nicht da!"

Ein Kunde ruft bei seinem Kreditinstitut an. Er hat eine Frage und möchte einen bestimmten Mitarbeiter sprechen: „Guten Tag, bitte seien Sie so freundlich und verbinden Sie mich mit Frau Müller."

- Welche Antwort würden Sie diesem Kunden jetzt geben?
- Auf was achten Sie besonders bei Ihrer Antwort?
- Was möchten Sie bei Ihrer Antwort auf alle Fälle vermeiden?

Häufig hören Anrufer schnelle und gedankenlose Antworten wie „Frau Müller ist nicht da!" und werden alleine gelassen. Steigerungen lauten dann zum Beispiel „Herr Müller ist gerade in einer Besprechung" oder gar „Der ist gerade zu Tisch!"

Hartnäckige Kunden fragen sofort nach: „Wann ist sie wieder zu erreichen?" oder „Wann kann ich ihn sprechen?" Wenn jetzt die Antwort kommt: „Das kann ich Ihnen nicht sagen; eigentlich müßte sie/er am Platz sein", steigert sich die Enttäuschung des Anrufers in Verärgerung.

Kunden erwarten sicher keine lustlosen und desinteressierten Mitarbeiter, keine Abschiebereien oder Vertröstungen. Sie erwarten gerade bei einem Anruf in einem Dienstleistungsunternehmen deutliche Unterstützung und spürbare Hilfe. Mit ein wenig Mühe und positiver Einstellung der Bank- und Sparkassenmitarbeiter sind diese Kundenerwartungen fast immer erfüllbar:

- „Was ist Ihnen lieber, Herr Anrufer: Soll Frau Müller bei Ihnen zurückrufen oder rufen Sie noch einmal bei ihr an?"
- „Frau Anruferin, kann ich Ihnen sofort helfen oder ist es Ihnen lieber, wenn Frau Müller, die Sie ja gut kennen, am Donnerstag oder Freitag zurückruft?"
- „Herr Anrufer, vielleicht kann ich Ihnen auch helfen, Herr Müller ist erst ab Montag wieder erreichbar. Um was geht es?"

Alternativfragen haben sich bei Kundenanrufen besonders bewährt: Der Kundenwunsch – Frage an Herrn/Frau Müller – kann zwar nicht sofort erfüllt werden, der Kunde kann aber zwischen zwei gangbaren Lösungen wählen. Beide Alternativen sollten für beide Gesprächspartner gangbar sein. Oft wählt der anrufende Kunde spontan die zweite Alternative. Eine Entscheidung zwischen zwei Vorschlägen ist aus Kundensicht angenehmer als eine ablehnende Reaktion. Die alleinige Antwort „Herr/Frau Müller ist nicht da" führt – insbesondere bei Wiederholungen – sicher dazu, daß künftig der eine oder andere Kunde plötzlich nicht mehr da ist.

044 Tip 52 aus Nr. 6/87	Wie verabschieden Sie sich von Ihren Kunden?

Selbstverständlich, indem Sie „Auf Wiedersehen" sagen. Aber vorher sollten Sie noch zwei Punkte beachten:

1. *Bedanken sich Ihre Mitarbeiter beim Kunden?*
   Untersuchungen haben aufgezeigt, daß sich Bankmitarbeiter nur zu etwa 20% beim Kunden bedanken. Für den Besuch, das Gespräch, das Vertrauen, den Abschluß. Viele Mitarbeiter merken gar nicht, daß sich der Kunde bei Ihnen bedankt.
   Wie kann man diesen Dank im Gespräch formulieren?
   „Herr Bauer, ich danke Ihnen für Ihren Besuch und daß Sie sich für unser Angebot entschieden haben."
   „Sie haben eine gute Wahl getroffen, Frau Meier, und ich habe mich gefreut, Ihnen behilflich sein zu können."
   Es ist nicht selbstverständlich, daß Kunden zu Ihnen kommen. Danken Sie dem Kunden für sein Vertrauen, und er wird wieder kommen.

2. *Ersuchen Ihre Mitarbeiter gleichzeitig auch um eine Weiterempfehlung?*
   Der beste Werbeträger ist ein zufriedener Kunde! Die Weiterempfehlung funktioniert aber nur in wenigen Fällen von selbst. Man muß um sie ersuchen!
   Versuchen Sie, daraus eine Gewohnheit zu machen, indem Sie und Ihre Mitarbeiter bei jedem erfolgreichen Beratungsgespräch darauf hinweisen:
   „Darf ich Ihnen meine Karte mitgeben. Empfehlen Sie mich bitte an Ihre Verwandten, Bekannten und Bürokollegen."
   „Kennen Sie jemand aus Ihrem Bekanntenkreis, dem ich vielleicht auch behilflich sein kann? Dann empfehlen Sie mich bitte weiter!"
   Und geben Sie immer Ihre Visitenkarte mit!
   Verkaufsprofis, die diese Empfehlungsstrategie konsequent anwenden, gewinnen laufend neue Kunden, ohne einen Schritt aus der Geschäftsstelle hinauszugehen.

045 Tip 33 aus Nr. 3/87	Sitzposition

Sicher hat Sie das auch schon einmal gestört? Sie gehen zu einem Dienstleistungsunternehmen (Reisebüro, Immobilienmakler, Notar, Steuerberater usw.) und nehmen zu einer längeren Beratung Platz. Auf einmal kommen Sie sich als Kunde im wahrsten Sinne des Wortes „recht klein" vor.

Was ist passiert?

Der ihnen gegenübersitzende Dienstleister hat seinen Beratungsplatz bestens ausgestattet: Ein großer, breiter, tiefer Sessel mit Armlehnen und Kopfteil, vielleicht die Sitzfläche sogar noch höher installiert oder höher gestellt. Statussymbole en masse: Überdimensionierte Schreibtischlampe, moderne Telefonanlage, Diktiergerät, Schreibmaschine mit Display, Bildschirm mit Drucker und alles auf einem riesigen Schreibtisch.

Auf der Kundenseite sieht es wesentlich spartanischer aus: Ein einfacher, kleiner, abgewetzter Hocker, kaum Platz für längere Beine, keine Sitzgelegenheit für die Frau oder ein Kind als Begleiter und keine Ablage- sowie Schreibmöglichkeiten. Angebote – ersichtlich – für Mantel oder Schirm: Fehlanzeige.

Prüfen Sie – aber bitte nur aus der Kundensicht – Ihren eigenen Beratungsplatz, d.h. den Platz, an dem Sie Ihre Kunden empfangen und beraten (hoffentlich ist das nicht Ihr Schreibtisch!). Kundenorientierte Beratungsplätze lassen sowohl Beratern als auch Kunden Platz und vermeiden vor allem Über- und Unterordnungen (Sitzhöhe, Stuhl- oder Sesselgröße!). Bitten Sie am besten einen guten Bekannten, der bei keinem Kreditinstitut beschäftigt ist, zu einem kritischen Testbesuch in Ihrer Zweigstelle. Er wird Ihnen sicher eine Reihe interessanter Hinweise geben können.

Bedanken Sie sich für jeden Hinweis. Vermeiden Sie möglichst die Antwort: „Das geht nicht, weil ...". Nehmen Sie jeden einzelnen Hinweis als Chance, eine Chance zu einer partnerschaftlichen Sitzanordnung und damit zu einem partnerschaftlichen Verkaufsgespräch.

046 Kommentar 4/88	Was ich nicht weiß, macht mich nicht heiß ...

... scheinen im übertragenen Sinne hin und wieder Bank- und Sparkassenmitarbeiter zu denken und im Alltag auch danach zu handeln. –

Da betritt zum Beispiel ein besonders unangenehmer Kunde die Zweigstelle, vielleicht sogar der erfahrungsgemäß unangenehmste aller Kunden. Und wie verhalten sich jetzt die einzelnen Mitarbeiter?

Der eine hat noch schnell eine „wichtige Liste" abzuarbeiten, der nächste Mitarbeiter verläßt zufällig gerade jetzt den Kundenraum und sucht das Weite, der Dritte beschäftigt sich mit einem technischen Gerät, ein anderer Zweigstellenmitarbeiter betätigt sich konzentriert an seinem Bildschirm und nimmt nichts um sich herum wahr, der nächste Mitarbeiter blickt vertieft in seine gleichmäßig verteilten Unterlagen und Akten, ein weiterer Angestellter dreht sich um und hantiert an einem Kontentrog ... – die einzelnen Mitarbeiter der Zweigstelle handeln so, als hätte der „unangenehme Kunde" die Zweigstelle nicht betreten.

Kleinkinder verdecken mit ihrer Hand gerne die eigenen Augen und sind dann – aus dem eigenen Blickwinkel – verzaubert und verschwunden; sie nehmen die Hand wieder weg und zaubern sich im Handumdrehen wieder herbei. Ähnlichen Zauber scheinen die einzelnen Zweigstellenmitarbeiter mit ihren unangenehmen Kunden zu treiben. Sie schauen weg – und damit scheint schon die prekäre Situation gelöst. Oder hoffen sie nur auf die Aktivitäten ihrer Kollegen: Der Kollege mit den schwächsten Nerven und der geringsten Ausdauer „muß ran", und damit hat man selbst Glück gehabt: bequeme Entlastung von unangenehmen Aufgaben.

Leider setzt sich dieses Spiel „Was ich nicht weiß, macht mich nicht heiß" – häufiger als wahrscheinlich gewünscht – noch unliebsamer in der Zweigstelle fort: Der unangenehme Kunde empfindet die Nichtbeachtung. Die Gleichgültigkeit der Bank- oder Sparkassenmitarbeiter wird als persönlicher Affront ausgelegt. Schließlich wird er sauer reagieren, vielleicht beschwert er sich sogar beim Chef und der Chef bei seinen Mitarbeitern. Jetzt verfestigt sich das Bild vom „unangenehmen Kunden". Wenn dieser künftig die gleiche Zweigstelle betritt ...

Dabei müßten sich die Zweigstellenmitarbeiter nur an ein elementares Kommunikationsgesetz erinnern. Watzlawick hat in seinen Studien und Publikationen belegt: *Es gibt keine Nicht-Nicht-Kommunikation* zwischen Menschen. Er meint damit, wenn sich zwei Menschen im gleichen Raum befinden, kommunizieren sie miteinander – auch wenn sie nicht miteinander sprechen.

Denken Sie nur an Begebenheiten in einem Aufzug: Noch sind Sie alleine auf der Fahrt vom Erdgeschoß nach oben. Dann steigt nach einem Halt ein Mitfahrer zu – und plötzlich ändert sich unser Verhalten. Wir kontrollieren den Sitz unserer Krawatte und richten sie, blicken zur Seite, räuspern uns oder lesen gespannt die Ziffer für jedes durchfahrene Stockwerk. Alles Verhaltensweisen, die nur durch die Anwesenheit der zweiten Person verursacht werden. Ein Beleg für die gegenseitige Beeinflussung: Es gibt keine Nicht-Nicht-Kommunikation, wenn sich zwei Menschen im gleichen Raum bemerkt haben.

Was heißt das für unsere Zweigstellensituation mit dem unangenehmen Kunden, der gerade den Geschäftsraum betritt?

Alle Mitarbeiter der Zweigstelle und der Kunde kommunizieren still miteinander, wenn sie den jeweils anderen bemerkt haben. Der Kunde empfindet dann wahrscheinlich „bewußtes (absichtliches) Nicht-Wahrnehmen" oder gar „persönlicher Boykott", also individuelle Abwertungen. Kein Wunder, daß er anschließend „säuerlich" reagiert und sich tatsächlich in der Folge als unangenehmer Kunde beweist.

Die Alternative für alle Zweigstellenmitarbeiter:

- Reagieren Sie immer sofort auf jeden Kunden und Nichtkunden, der Ihre Zweigstelle betritt.
- Nehmen Sie freundlich Kontakt zu ihm auf (Wahrnehmen, Blickkontakt, Lächeln, offene Körperhaltung, Nicken).
- Begrüßen Sie alle Eintretenden („Guten Tag", „Grüß Gott", „Guten Morgen").
- Sprechen Sie möglichst viele Kunden mit deren Namen an.
- Bieten Sie Platz an.
- Überbrücken Sie Wartezeiten (Tageszeitung, Informationsschriften zum Überbrücken der Zeit anbieten).
- Nehmen Sie sich gerade auch für unangenehme Kunden Zeit.
- Motivieren Sie sich: Unangenehme und schwierige Kunden sind Herausforderungen; angenehme Kunden kann jeder zufriedenstellen.

Wenn Sie so „angenehm" motiviert in ein Gespräch einsteigen, wer will da noch „unangenehm" reagieren?

047 Tip 29 aus Nr. 2/87	Sind Sie bereit, fünf Minuten Ihrer Mittagspause zu opfern?

Wie sieht es nach der Mittagspause in Ihrer Geschäftsstelle aus?

- Sind die Arbeitsplätze wieder aufgeräumt, oder liegen Unterlagen verstreut herum?
- Sind die Prospekte wieder geordnet? Meistens liegt das Prospektmaterial verkehrt, schief, aufgeblättert und an den verschiedensten Plätzen, nur nicht geordnet in den vorgesehenen Ablagen oder Behältern.
- Wenn unter Ihren Mitarbeitern Raucher sind, wurden die Aschenbecher geleert und gesäubert?
- Ist die Zeitung, ist die Kaffeetasse weggeräumt?
- Sind Ihre Mitarbeiter rechtzeitig an ihrem Arbeitsplatz oder „trudeln" sie mit dem Öffnen erst nach und nach ein?

Wenn Sie diese Fragen nicht positiv beantworten können:

Haben Sie schon einmal überlegt, welchen Eindruck dies auf Ihre Kunden machen könnte? Viele Kunden stört Unordentlichkeit, weil sie damit auch die exakte und korrekte Abwicklung in der Geschäftsstelle verbinden. Die meisten Kunden werden deswegen nicht sofort zu einer anderen Bank wechseln, aber nach und nach kann ein Eindruck entstehen, der in Verbindung mit anderen Unzulänglichkeiten die Wechselbereitschaft fördert. Beugen Sie dem vor!

Verwenden Sie und Ihre Mitarbeiter daher fünf Minuten Ihrer Mittagspause dazu, die Arbeitsplätze und das Erscheinungsbild der Filiale wieder in Ordnung zu bringen.

Organisieren Sie dies, indem Sie dafür Sorge tragen, daß Ihre Mitarbeiter eben diese fünf Minuten vorher an ihren Arbeitsplatz gehen. Organisieren Sie weiterhin, daß Ihre Mitarbeiter die Verantwortung übernehmen, für Ordnung in der Filiale zu sorgen. Entweder alle für bestimmte Bereiche oder abwechselnd ein Mitarbeiter als Gesamtverantwortlicher.

Diskutieren Sie mit Ihren Mitarbeitern einmal diese Problemstellung und auch die Art und Weise der Lösungsmöglichkeiten.

048 Tip 108 aus Nr. 4/88	Effizienz-Formel

Nicht jeder Beratungs- und Arbeitsplatz in einer modern eingerichteten Bank oder Sparkasse ist optimal organisiert. Da befindet sich ein wichtiges – und ständig benötigtes Formular – in einem weit entfernten Beistellschrank, die rechte obere Schreibtischschublade wird durch Privatutensilien blockiert, oder die Telefonschnur läuft quer über die Arbeitsfläche und verheddert sich immer wieder in Unterlagen und Ordnern ...

Die Effizienz-Formel ist ein Hilfsmittel zur Überprüfung der individuellen Organisation des Arbeitsplatzes. Sie soll die Organisations- und Verwaltungsabteilung Ihres Hauses nicht ersetzen. Dennoch bietet sie eine Reihe von schnell umsetzbaren Hinweisen zur individuellen Schreibtischorganisation. Überprüfen Sie am besten Ihren Arbeitsplatz stufenweise mit der Effizienz-Formel:

1. Listen Sie Ihre wichtigsten – am häufigsten benötigten – Hilfsmittel, Unterlagen, Arbeitsmaterialien usw. auf. Erstellen Sie Ihre individuelle Liste in einer stillen Minute; zum Beispiel am Wochenende weit weg von Ihrem Arbeitsplatz.
2. Legen Sie eine Reihenfolge der im ersten Schritt gesammelten Hilfsmittel, Unterlagen und Arbeitsmaterialien nach der Häufigkeit des Zugriffs fest – vergeben Sie die Rangplätze 1 bis 12.
3. Listen Sie jetzt die gleichen zwölf Hilfsmittel, Unterlagen und Arbeitsmaterialien nach der Schnelligkeit des Zugriffs auf – setzen Sie sich dazu bequem an Ihren Arbeitsplatz und beginnen Sie erst mit der rechten und dann mit der linken Hand nach den leicht erreichbaren Hilfsmitteln, Unterlagen und Arbeitsmaterialien zu greifen.
4. Vergleichen Sie die beiden Rangfolgen: Wichtigkeit des Zugriffs (= Häufigkeit) und Schnelligkeit des Zugriffs. Effizient organisierte Plätze weisen überwiegend Kennziffern nahe bei „1“ aus (zum Beispiel: Wichtigkeit = 6 und Schnelligkeit = 5 ergibt eine Kennziffer von 1,2 – das bedeutet: recht günstig organisiert!)
5. Ordnen Sie – soweit technisch möglich – Ihren Arbeitsplatz neu nach den Kennziffern: Ziffern deutlich über 1 signalisieren Hilfsmittel, die

günstige Plätze blockieren; Ziffern weit unter 1 zeigen auf Hilfsmittel, die in Relation zu Ihrer Wichtigkeit schlecht erreichbar sind.

Sie erhalten mit dieser Effizienz-Formel sehr klare und individuelle Kriterien zur Reorganisation Ihres Arbeitsplatzes. Achten Sie auch darauf, daß nicht nur die Organisation Ihre Verkaufsleistung steigert; besonders die optisch geschickte Anordnung von Hilfsmitteln nimmt Ihr Kunde wohlwollend wahr.

049 Tip 57 aus Nr. 7/87	Verabschieden Sie sich von Ihren Kunden, wenn Sie in Urlaub gehen?

Sie haben eine Anzahl von für Sie besonders wichtigen Kunden. Immer wenn Sie einige Tage oder Wochen von Ihrer Geschäftsstelle weg sind, kann sich hier ein Betreuungsproblem ergeben. Ihr Kunde ist an Sie gewöhnt, und wenn er während Ihrer Abwesenheit eine Problemlösung braucht und Sie nicht ansprechen kann, ist er unsicher, ob sein Problem in seinem Sinne gelöst wird.

Bei Firmenkunden mit Zweitbankverbindungen ergibt sich in solchen Situationen sogar ein besonderes Risiko, weil der Kunde dann eventuell zu dem ihm bekannten Berater der anderen Bank geht und dieser eine Chance bekommt, seine Leistungsfähigkeit zu beweisen.

Lösen Sie dieses Problem, indem Sie vor Ihrem Urlaub Ihre fünf wichtigsten Kunden anrufen! Oder auch zehn Kunden, so viele, wie Sie für nötig halten.

1. Fragen Sie, ob Sie für den Kunden noch etwas erledigen können, bevor Sie in Urlaub gehen. Ob noch eine geschäftliche Transaktion ansteht, die Sie noch erledigen oder zumindest vorbereiten können.
2. Bieten Sie für alle Fälle namentlich einen Kollegen an, der bei Bedarf während Ihres Urlaubs zur Verfügung steht. Diesen Kollegen müssen Sie natürlich vorher informieren. Noch besser ist es, Ihre Vertretung Ihrem Kunden einmal persönlich vorzustellen.
3. Wenn Sie vom Urlaub zurückkommen, erkundigen Sie sich, ob Ihr Kunde sich an Ihren Kollegen gewandt hat. Dann rufen Sie Ihren Kunden an und melden sich wieder zurück.

Ihre Kunden werden Ihnen diese besondere Betreuung durch besondere Treue danken! Denn dies sind besondere Serviceleistungen, die üblicherweise nicht erwartet werden. Es sind persönliche und individuelle Aufmerksamkeiten, die sich nicht automatisieren lassen.

Selbstverständlich soll dieser Tip auch von Ihren Mitarbeitern angewendet werden. Wenn jeder eine bestimmte Anzahl seiner wichtigsten Kunden derart betreut, erzielen Sie schon eine gewisse Breitenwirkung.

050 Tip 61 aus Nr. 8/87	Rufen Sie mal in Ihrer Zweigstelle an!

Wenn Sie unterwegs zu einem Kunden sind oder ein paar Urlaubstage daheim verbringen, dann rufen Sie einmal in Ihrer Geschäftsstelle an und beachten Sie ganz bewußt das Verhalten Ihrer Mitarbeiter am Telefon.

- Dauert es lange, bis überhaupt abgehoben wird?
- Wie melden sich Ihre Mitarbeiter?
- Wirkt der Mitarbeiter freundlich und entgegenkommend oder eher „kurz angebunden" und abweisend?

So wie Sie sich möglicherweise ärgern, so ärgern sich auch Ihre Kunden. Denn der Kunde kennt Ihre Organisation nicht, er hat einfach einen Wunsch, eine Frage, ein Problem. Und er darf erwarten, daß ihm auch telefonisch mit Freundlichkeit und Hilfsbereitschaft geholfen wird.

Wenn Sie Möglichkeiten zu Verbesserungen erkennen, so machen Sie „das Verhalten beim Telefonieren" zum Thema einer Mitarbeiterbesprechung. Neben den oben angeführten Punkten sollten noch folgende weitere Situationen besprochen werden:

- Mit welchen Worten wird weiterverbunden?
- Wenn eine bestimmte Person verlangt wird, die im Moment nicht telefonieren kann, wird dann ein Rückruf angeboten?
- Wie wird argumentiert, wenn der verlangte Mitarbeiter nicht rückrufen kann, weil er nicht da ist? Wird dann nach dem Wunsch des Anrufers gefragt und Hilfestellung angeboten?
- Wie verhält man sich in Stress-Situationen? Es sind viele Kunden in der Geschäftsstelle, die man bedienen soll und gleichzeitig läutet das Telefon.
- Wie wird argumentiert, wenn der das Telefonat entgegennehmende Mitarbeiter nicht zuständig ist.

Für einen Kunden, der in Ihrer Geschäftsstelle anruft, ist dies der erste Eindruck, den er erhält. Sorgen Sie dafür, daß dieser erste Eindruck gut ist.

Kapitel 4: ARGUMENTATION

051	Tip	Positiv denken und formulieren
052	Tip	Verwenden Sie den Sie-Stil?
053	Tip	Übersetzen Sie „Bank-Chinesisch"!
054	Kommentar	Wie kommen wir künftig zu Kundengesprächen?
055	Tip	Abschlußmethode: Empfehlen
056	Tip	Abschlußmethode: Bestätigen
057	Tip	Abschlußmethode: Alternativfragen stellen
058	Kommentar	Kreditgewährung oder Kreditverkauf?
059	Tip	Abschlußmethode: Teilentscheidungen
060	Tip	Abschlußmethode: Taktik der falschen Wahl
061	Tip	„Sparen lohnt sich nicht mehr!"
062	Tip	„Ich bin schon zu alt ..."
063	Kommentar	Wer wird bei Ihnen verwaltet?
064	Tip	„... dann gehen Sie am besten zur anderen Bank!"
065	Tip	„... und jetzt brauche ich noch Sicherheiten!"
066	Tip	„Wann zahlen Sie den Kredit aus?"
067	Tip	„Sie müssen schon entschuldigen!"

051 Tip 7 aus Nr. 11/86	Positiv denken und formulieren

Sprechen Sie mit positiven Formulierungen zu Ihren Kunden. Positive Aussagen sind dynamischer, gewinnender und überzeugender als negative Formulierungen. Sie drücken eine optimistische und positive Lebenseinstellung aus. Es gibt genug Miesepeter und Pessimisten in Ihrer Umgebung, die zu einem halb gefüllten – und gleichzeitig halb geleerten! – Glas Bier oder Wein „Och, das Glas ist schon wieder fast leer" sagen, statt „Prima, das Glas ist noch halb voll".

Beide Aussagen ändern nichts an dem zu 50% gefüllten/geleerten Glas. Bedeutungsvoll ist die unterschiedliche, ansteckende Wirkung auf andere Gesprächspartner. Machen Sie deshalb aus Ihren „halbleeren" Formulierungen „halbvolle" Formulierungen. Sie stecken Ihre Kunden durch Ihr optimistisches, positives Denken und Formulieren an. Dazu einige Beispiele aus Kreditinstituten:

Statt:	„Herr Müller, dieses Wertpapier können Sie allerdings erst ab 10.000 Mark erwerben."
Positiver:	„Herr Müller, dieses Wertpapier können Sie schon ab 10.000 Mark erwerben."
Statt:	„Frau Bernhard, die Verzinsung des Sparkassenbuchs ist gar nicht so schlecht."
Positiver:	„Frau Bernhard, die Verzinsung, die Sie auf dem Sparbuch erhalten, ist gut (attraktiv, günstig usw.)."
Statt:	„Leider ist unsere Zweigstelle in Klein nur noch vormittags geöffnet."
Positiver:	„Die Zweigstelle in Klein ist jeden Vormittag von 8 bis 12 Uhr geöffnet."
Statt:	„Der Kreditantrag kann erst dann bearbeitet werden, wenn unser Schreiben vom 12. Juli beantwortet ist."
Positiver:	„Ihr Kreditantrag wird sofort weiterbearbeitet, wenn Sie unser Schreiben vom 12. Juli beantwortet haben."

Meiden Sie auch die Verneinung bei Ihren Beratungs- und Verkaufsgesprächen: „Sie gehen bei dieser Anlage kein Risiko ein" klingt weit weniger überzeugend als die klare Aussage „Sie entscheiden sich für eine sichere Anlage". Allein der gezielte Einsatz von positiven Formulierungen verbessert die Abschlußergebnisse von Ihnen und von Ihren Mitarbeitern.

052 Tip 13 aus Nr. 12/86	Verwenden Sie den Sie-Stil?

Stellen Sie Ihre Kunden klar in den Mittelpunkt Ihrer Aussagen, sprechen Sie Ihre Kunden direkt an. Am leichtesten fällt diese kundenorientierte Sprache mit dem „Sie-Stil". Er ist durch Wörter wie „Sie", „Ihnen" und „Ihre" geprägt. Mit der Verwendung des Sie-Stils werden oft aus bankorientierten Aussagen kundenorientierte Aussagen: Weg vom „wir" – hin zum „Sie"!

Statt:	„Wir räumen einen Kredit über DM 80.000 ein."
Sie-Stil:	„Sie erhalten einen Kredit in Höhe von DM 80.000."
Statt:	„Wir bieten Sparbriefe mit Laufzeiten zwischen zwei und zehn Jahren an."
Sie-Stil:	„Wählen Sie zwischen unseren Sparbriefen mit Laufzeiten zwischen zwei und zehn Jahren."

Aus einer institutsbezogenen Argumentation des Bank- oder Sparkassenberaters wird eine partnerorientierte Argumentation. Der Kunde wird gezielt und direkt durch den Sie-Stil angesprochen. Jetzt steht nicht mehr das Kreditinstitut, sondern der Vorteil des Kunden im Mittelpunkt der Aussage.

Vermeiden Sie in der kundenorientierten Argumentation neben dem „wir" besonders auch die verallgemeinernden Wörter „man" und „es". Auch hier ist der Sie-Stil die passende Alternative zu einer dynamischeren und zeitgemäßeren Sprache:

Statt:	„Es sind folgende Zinsfestschreibungen möglich: ..."
Sie-Stil:	„Sie können zwischen folgenden ... wählen: ..."
Statt:	„Es fällt dann jährlich ein Depotauszug an."
Sie-Stil:	„Sie erhalten jährlich einen Depotauszug für Ihre Unterlagen."

Unsichere Mitarbeiter von Kreditinstituten neigen besonders zum „wir" und „man". Der Kunde spürt diese Unsicherheit durch die sprachlichen Signale. Übernehmen Sie die volle Verantwortung für Ihre Aussagen, und nutzen Sie zur Überzeugung Ihrer Kunden konsequent den Sie-Stil. Hier noch ein Beispiel, wie aus einer verunsichernden Aussage durch den Einsatz des Sie-Stils eine überzeugende Aussage wird:

Statt: „Wenn man die jetzige Zinsentwicklung betrachtet, so können wir empfehlen, sich möglichst schnell zu entscheiden."

Sie-Stil: „Bei der jetzigen Zinsentwicklung empfehle ich Ihnen, sich sofort zu entscheiden. Sie sichern sich die höheren Zinsen für die gesamte Laufzeit von fünf Jahren."

053 Tip 18 aus Nr. 1/87	Übersetzen Sie „Bank-Chinesisch“!

Bank- und Sparkassenmitarbeiter sind in der Regel sehr gut ausgebildet. Neben ihrer beruflichen Ausbildung haben sie weiterführende Schulen, Seminare und Fachkurse besucht. Zusätzlich erhalten Sie immer wieder Impulse durch die Einführung neuer gesetzlicher Bestimmungen und die Realisierung von technischen Neuerungen.

Die logische Folge für den Verkauf: Nicht jeder Bankkunde beherrscht die Bankfachsprache. Somit versteht er eine Reihe banktypischer Begriffe nicht. Wörter wie „Stückzinsen“, „Disagio“, „Lombard“, „Vorfälligkeitsentschädigung“, „Wertstellung“ oder „Vorschußzinsen“ verunsichern viele – private – Kunden. Selbst bei generellem Abschlußinteresse ruft das sprichwörtlich unverständliche „Bank-Chinesisch“ Ablehnung hervor. Da Bankkunden ihr „Gesicht wahren“ wollen, reagieren sie auf sprachliche Überforderung mit Vorwänden wie „Das muß ich mir noch mal überlegen“ oder „Ich rufe Sie wieder an“.

Für den Kunden verständliche Übersetzungen vermeiden vorzeitige Gesprächsausstiege aufgrund dieser sprachlichen Überforderungen. Übersetzungsformulierungen enthalten Elemente des Sie-Stils und ein Tätigkeitswort mit positivem Inhalt für den angesprochenen Kunden:

- ..., das bedeutet für Sie ...
- ..., damit erreichen Sie ...
- ..., das garantiert Ihnen ...
- ..., damit erhöhen Sie ...
- ..., das gewährleistet Ihnen ...
- ..., das senkt Ihre ...
- ..., das heißt für Sie ...
- ..., das erspart Ihnen ...
- ..., dadurch erzielen Sie ...
- ..., das bringt Ihnen ...
- ..., daraus erkennen Sie ...
- ..., das sichert Ihnen ...
- ..., dadurch maximieren Sie ...
- ..., damit steigern Sie Ihre ...

Anstelle des für Banklaien sehr unverständlichen Bankfachworts „Vorfälligkeitsentschädigung“ entsteht zum Beispiel durch den Sie-Stil folgende Formulierung mit der Übersetzung „das sichert Ihnen ...“:

- „Die Vorfälligkeitsentschädigung ist ein fester Bestandteil Ihres Kreditvertrages und stellt ein Entgelt für eine außerordentliche Rückzahlung dar. Sie fällt nur bei vorzeitiger Kündigung Ihres Darlehens an und sichert

Ihnen die volle Entscheidungsfreiheit während der gesamten Dauer der Zinsfestschreibung."

Sie erleichtern sich den Einsatz von Übersetzungsformulierungen, wenn Sie sich Ihre wichtigsten Bankfachbegriffe vornehmen und schriftlich kundenorientierte Übersetzungen festhalten. Sprechen Sie am besten Ihre neuen Formulierungen mehrmals laut aus. Beginnen Sie vielleicht mit den oben angeführten Begriffen und erweitern Sie dann um die Begriffe, die in Ihrem Tätigkeitsbereich am häufigsten verwendet werden.

054 Kommentar 5/87	Wie kommen wir künftig zu Kundengesprächen?

Die Selbstbedienung schreitet auch bei den Geldinstituten mit großen Schritten voran. Geldausgabeautomaten indoor und outdoor, sowie Kontoauszugsdrucker gehören heute schon zum gewohnten Bild, bis hin zum BTX-Service, zum Sparbucheinzahlungsautomaten, zu SB-Zonen, SB-Foyers und SB-Filialen.

All diese neuen Möglichkeiten bringen unseren Kunden Vorteile. Von der Bargeldbeschaffung rund um die Uhr bis hin zur bedarfsgerechten Information über den Kontostand, weil der Kunde selbst den Zeitpunkt der Information bestimmt und diese dann auch aktueller und bequemer abrufen kann.

Auch für die Geldinstitute ergeben sich bedeutende Vorteile. Personalressourcen, die bis heute für Routinegeschäfte, meist im Zahlungsverkehr, eingesetzt werden mußten, werden plötzlich frei. Denken Sie nur an die vielen Mitarbeiter, die tagaus, tagein, die Kontoauszüge zuerst eingeteilt und später dann wieder an die Kunden ausgegeben haben.

Werden wir es aber schaffen, diese freiwerdenden Personalressourcen künftig für den Verkauf und die Kundenbetreuung zu nutzen? Denn gleichzeitig werden die Kontakte, die wir bisher für die Ansprache genutzt haben (oder zumindest hätten nutzen können) durch die Selbstbedienung geringer. Auf der einen Seite haben wir nun mehr Zeit dafür, auf der anderen Seite kommen weniger Kunden zum Schalter, zur Kasse, um ihre Routinegeschäfte zu besorgen.

Sie sehen schon, wie eng die technische Entwicklung mit Auswirkungen auf den Vertrieb verbunden ist. Mit der Einführung einer SB-Konzeption werden sich wesentliche Veränderungen im Filialgeschäft ergeben. Dazu gehören insbesonders Überlegungen, wie wir künftig Kontakte zu unseren Kunden herstellen werden.

Mit dieser Änderung der Kontaktformen werden sich auch die Kontaktinhalte verändern. Standardinformationen, wie Werbeaussagen, Produktbeschreibungen, Konditionen, wird sich der Kunde künftig aktueller, schneller und bequemer, und noch dazu im Konkurrenzvergleich, über die neuen technologischen Möglichkeiten beschaffen können. Der Bankmitarbeiter wird nach individueller, persönlicher und bedarfsorientierter Information suchen müssen, wenn er Interesse beim Kunden wecken will.

Eigentlich eine Chance für den guten Verkäufer. Wenn es ihm gelingt, die frei werdende Zeit gezielt dafür einzusetzen. Und wenn Sie ihm dabei helfen, sich auf die kommenden Veränderungen einzustellen und vorzubereiten.

Welche Maßnahmen müssen verstärkt ergriffen werden, damit wir künftig zu Kundengesprächen kommen?

1. *Forcierung von Besuchen bei Kunden*
   Gewöhnen Sie Ihre Mitarbeiter daran, regelmäßig Kundenbesuche zu machen. Diese Gewöhnung erzielen Sie, wenn Sie Ihre Mitarbeiter z.B. Unterlagen zum Kunden bringen oder vom Kunden holen lassen.

2. *Einsatz des Telefons als Kontakt- und Betreuungsmittel*
   Definieren Sie Kontaktanlässe zu Kunden, bei denen Ihre Mitarbeiter konsequent das Telefon einsetzen, z.B. bei allen ablaufenden Verträgen, bei neuen Produkten, bei Konditionsänderungen usw.

3. *Aktionen für „durchschnittliche Kunden“*
   Kunden, die Sie nicht so gut kennen, Kunden, deren Produktnutzung gering ist, sollten aktionsmäßig betreut werden (50 pro Monat oder drei pro Tag) durch briefliche Vorinformation und telefonischen Nachstoß.

4. *Einladung von Kunden zu Veranstaltungen in die eigene Filiale*
   Laden Sie gezielt Kunden zu Fachvorträgen (kleinerer Kundenkreis) oder Imageveranstaltungen (Vernissage, Filialjubiläum usw.) ein. Dabei kommen Sie ungezwungen ins Gespräch und erhalten Informationen für spätere Kontaktanlässe.

5. *Umsetzung von Betreuungskonzepten für wichtige Zielgruppen*
   Definieren Sie z.B. 100 wichtige Kunden (nach Ertrag, nach Volumen), die Sie regelmäßig betreuen und anlaßbezogen gezielt kontaktieren.

6. *Ansprache im Kundenraum*
   Versuchen Sie bei den neuen Kundenanlaufpunkten, den SB-Geräten, mit den Kunden ins Gespräch zu kommen. Schulen Sie Ihre Mitarbeiter, wie diese Ansprache vorgenommen werden soll, und organisieren Sie den diesbezüglichen Einsatz.

7. *Ansprache von Kunden, mit denen schon lange kein Beratungsgespräch geführt wurde*
   Notieren Sie den Termin des jeweils letzten Beratungsgespräches in Ihrer Kundenkartei. Sehen Sie Ihre Kundenkartei regelmäßig daraufhin durch, bei welchen Kunden dieses Gespräch schon länger als ... zurückliegt. Diese Kunden kontaktieren Sie gezielt.

8. *Einsatz der „Empfehlungsstrategie"*
   Ersuchen Sie Ihre Kunden, Sie an Verwandte und Freunde weiterzuempfehlen.

Stellen Sie sich auf die geänderten Bedingungen ein und überlegen Sie, in welcher Form sie künftig Ihre Kunden kontaktieren werden. Die einzelnen Tips in diesem Buch geben Ihnen dazu weitere konkrete Ansatzpunkte.

055 Tip 21 aus Nr. 1/87	Abschlußmethode: Empfehlen

Kunden scheuen sich häufig, eine Abschlußentscheidung zu treffen. Der Bank- oder Sparkassenmitarbeiter hat zuvor sehr viel Zeit investiert. In der Abschlußphase kann diese zeitliche Investition aufs Spiel gesetzt werden, nämlich dann, wenn der Banker den Abschluß verzögert und zerredet.

Zur Vorbereitung der eigentlichen Abschlußinitiative haben sich offene Fragen im Verkaufsalltag bewährt:

- „Welche Informationen benötigen Sie noch?"
- „Was sollte ich Ihnen noch (näher) erläutern?"
- „Was ist im Moment noch offen?"

Zeigt der Kunde noch Informationsbedarf, wird dieser natürlich erfüllt. Hat er keine weiteren Informationswünsche, dann helfen Sie ihm mit einer Empfehlung „über den Berg". Achten Sie dabei auf wirksame und abschlußorientierte Empfehlungen:

Statt:	„Da käme auch unser Sparbrief in Frage."
Besser:	„Dann empfehle ich Ihnen den Sparbrief, weil ..."
Statt:	„Es gibt da festverzinsliche Wertpapiere."
Besster:	„In Ihrer Situation rate ich Ihnen zu festverzinslichen Wertpapieren. Sie erzielen damit ..."
Statt:	„Man könnte auch eine längere Zinsbindung nehmen."
Besser:	„Deshalb schlage ich Ihnen eine längere Zinsbindung von zehn Jahren vor."

Überzeugende *Empfehlungen enthalten vier Elemente:*

1. Sie-Stil („Sie", „Ihnen", „Ihrer")
2. Ich-Stil („Ich", „mein", „mir")
3. Empfehlung („empfehlen", „raten", „vorschlagen")
4. Zuhörzeichen („Dann", „Deshalb", „In Ihrer Situation")

Hier ein weiteres Beispiel: „Herr Maier, dann (4) empfehle (3) ich (2) Ihnen (1) einen Lombardkredit. Er sichert Ihnen ...". Formulieren Sie Ihre Empfehlungen mit diesen vier Elementen in Ihrer Sprache, und Ihre Empfehlungen überzeugen sicher auch Ihre Kunden: Kunden treffen durch klare Empfehlungen schneller Entscheidungen; Sie sparen Zeit und erzielen höhere Abschlüsse.

056 Tip 22 aus Nr. 1/87	Abschlußmethode: Bestätigen

Die Abschlußmethode „Bestätigen" setzt Kaufsignale des Kunden bei der Angebotspräsentation voraus: Das können Aussagen des Kunden (verbale Kaufsignale) oder körpersprachliche Zeichen (non-verbale Kaufsignale) sein. Hier einige typische Kaufsignale im Beratungs- und Verkaufsgespräch:

- Verbale Kaufsignale
  - „Das klingt interessant."
  - „Gilt das so auch für mich?"
  - „Ah ja, das ist gut."
  - „Würden Sie das auch für mich empfehlen?"
- Nonverbale Kaufsignale
  - Kunde nickt verstärkt.
  - Kunde setzt (Lese)Brille auf.
  - Kunde nimmt Kugelschreiber in Schreibhand und macht ihn schreibbereit.
  - Kunde ergreift Formulare und/oder Beratungsunterlagen.

Kaufsignale können Sie auch gezielt auslösen. Bewährt haben sich

- gezielte längere Wirkungspausen,
- Einsatz von Demonstrationsmaterial und/oder
- Zusammenfassungen des Angebots.

Gerade Zusammenfassungen zeigen eine sehr sichere Reaktion. Dazu ein Beispiel einer Zusammenfassung mit einem Kaufsignal als Reaktion und der Abschlußmethode Bestätigen:

Berater:	„Sie wünschen eine Ansammlung der Zinsen und wollen bei Bedarf schnell wieder an Ihr Geld. Daneben legen Sie großen Wert auf eine gute Verzinsung." (= Zusammenfassung)
Kunde:	„Ja, das sind meine Vorstellungen." (= verbales Kaufsignal)
Berater:	„Mit dem ...-Sparen erreichen Sie alle Ihre Vorstellungen." (= Abschlußmethode Bestätigen)
Kunde:	„Ja, das mache ich." (= Abschlußentscheidung)

Hier einige weitere Formulierungsbeispiele für das Bestätigen der Kunden:

- „Gut, dann machen wir es wie besprochen, ja?"
- „Prima, dann bereite ich am besten jetzt alle Unterlagen für Sie vor, Herr Meister, ja?"
- „Ja?" ... „Dann mache ich alles für Sie fertig?"

Wählen Sie diese Abschlußmethode nur bei eindeutigen Kaufsignalen. Sollten Sie sich nicht ganz sicher sein, können Sie eine abschlußvorbereitende Frage wie „Welche Informationen benötigen Sie noch?" stellen. Antwortet Ihr Kunde mit „Keine", ist das direkte Bestätigen sicher angebracht.

057 Tip 32 aus Nr. 3/87	Abschlußmethode: Alternativfragen stellen

Mit der Alternativtechnik bieten Sie Ihren Kunden zwei Entscheidungsvarianten in einer Abschlußfrage an. Aus dem bisherigen Verlauf Ihres Beratungs- und Verkaufsgesprächs sind beide Alternativen denkbare Entscheidungsmöglichkeiten für Ihren Kunden. Einige Beispiele:

- „Möchten Sie diesen Finanzierungsvertrag ohne oder mit Restkreditversicherung abschließen?"
- „Soll Ihr Sparvertrag dann ab dem 1. Januar des nächsten Jahres oder lieber ab sofort beginnen?"
- „Sollen wir Ihnen die Wertpapiere effektiv ausliefern, oder ist Ihnen die Verwahrung im Sammeldepot angenehmer?"
- „Möchten Sie den gesamten Betrag in einer Summe oder in passenden Teilbeträgen anlegen?"
- „Sollen die Zinsen jährlich ausgezahlt werden oder automatisch wieder Zinseszinsen bringen?"

Die Alternativfrage als Abschlußmethode lenkt die Gedanken Ihrer Kunden. Es wird nicht mehr die Frage nach dem „Ob überhaupt abschließen?" sondern nach dem „Wie abschließen?" gestellt. Kunden entscheiden sich überraschend oft für die an zweiter Stelle genannte Alternative. Somit sollten Sie Ihre bevorzugte Alternative an die psychologisch geschickte zweite Stelle anordnen.

Die Alternativfrage führt recht sicher zu Geschäftsabschlüssen; daneben eignet sie sich auch für Verfahrensabschlüsse wie die Terminvereinbarung. Auch hier bietet sich die 2. Alternative als bevorzugte Entscheidung für die Plazierung Ihres Terminwunsches an. Geschlossene Fragen („Paßt es Ihnen am 15. Juli?") bringen oft zögerliche Kundenantworten. Alternativfragen zwingen stärker zur Entscheidung:

- „Wann paßt es Ihnen besser: Im Laufe der nächsten Woche oder morgen gegen 15 Uhr?"
- „Wann sollten wir uns dann wieder treffen: Anfang kommender Woche oder lieber am Donnerstag zwischen 10 und 12 Uhr?"

Stellen Sie mit der Alternativtechnik faire Alternativen zur Wahl. Tricks verärgern Ihre Kunden und führen zu hohen Stornoquoten (Nichteinhaltung von Terminen).

058	Kreditgewährung oder Kreditverkauf? – Neun gefährliche Thesen –

Für die überwiegende Mehrzahl der Bank- und Sparkassenmitarbeiter gehört der Begriff „Kreditverkauf" nicht zu ihrem üblichen Sprachgebrauch. Kreditgeschäft und vor allem aktive verkäuferische Verhaltensweisen scheinen sich für diese Allround-Berater und Kreditspezialisten zu widersprechen. Daß diese Meinung nicht mehr ganz zeitgemäß ist, zeigt das Eindringen neuer Anbieter in klassische Domänen des Kreditgeschäfts. Gerade Versicherungsgesellschaften und Leasingfirmen brechen sich ein stetig wachsendes Stück aus dem Kreditkuchen der Kreditinstitute. Immer mehr wird deshalb auch von Bankplanern und Marketingspezialisten sowie von agilen Kreditberatern und Kreditsachbearbeitern das aktive Verkaufen von Krediten gefordert.

Die konkreten Verhaltensweisen in Beratungs- und Verkaufsgesprächen werden von den – oft leider längst überholten – Einstellungen der Bank- und Sparkassenmitarbeiter zum Verkauf von Krediten geprägt. Diese Einstellungen sind hier in – zum Teil etwas provozierenden – Thesen zusammengefaßt. Wer den folgenden neun Thesen voll zustimmt und auch danach handelt, behindert dauerhaft einen erfolgreichen Kreditverkauf oder verhindert ihn gar gänzlich. Den einzelnen Thesen werden jeweils positive Alternativen gegenübergestellt. Die Thesen sollen die Kreditfachleute sensibler machen, die Gegenpositionen sollen Einstellungs- und Verhaltensziele im Aktivgeschäft von Kreditinstituten darstellen.

These 1: Kredite werden gewährt.

Immer noch „gewähren" Mitarbeiter von Kreditinstituten Kredite, immer noch steht der Begriff „Kreditgewährung" in aktuellen Verträgen, immer noch findet sich der Begriff „Kreditgewährung" auf Formularen und in Mustertexten der programmierten Textverarbeitung. Dadurch wird immer noch das Verhalten gegenüber Kunden von der längst überholten „Gewährungs"-Einstellung bestimmt. Schließlich will der Kreditkunde ja etwas von dem Kreditinstitut und nicht umgedreht.

Viel deutlicher geht es für den Kunden nicht. Es wird ein einseitiges Geschäft vorgenommen; der Kunde muß schon sehr froh sein, daß er einen

Kredit „gewährt" erhält. Er ist der Bittsteller, das Kreditinstitut ist „gnädiglicher" Gewährer. Die vermeintliche Abhängigkeit des Kunden wird durch die Sprache überaus klar dokumentiert. Als gäbe es keinen harten Wettbewerb zwischen Kreditinstituten und neuen Finanzierungsanbietern, als müßten Banken und Sparkassen keine Kreditkunden akquirieren, als gäbe es kein nächstes Kreditinstitut schon um die Ecke, als befänden wir uns noch zu Beginn der sechziger Jahre.

Klingen geschäftspartnerschaftliche Begriffe wie „Kreditvertrag" oder „Kreditvereinbarung" nicht wesentlich zeitgemäßer und klarer? Die Gegenüberstellung ist mehr als nur ein einfaches Wortspiel. Die einzelnen Wörter prägen Einstellungen und Verhalten der Bank- und Sparkassenmitarbeiter – insbesondere wenn sie sehr häufig und gedankenlos gesprochen sowie gehört werden. Gerade auch Führungskräfte in kreditnahen Tätigkeitsbereichen und im Kreditverkauf sollten sehr sensibel für die eigene Wortwahl und die ihrer Mitarbeiter sein. Eine positive, partnerschaftliche und kundenorientierte Begriffskultur überträgt sich auf den Verkaufserfolg.

These 2: Bohrende Fragen sind selbstverständlich.

Natürlich gehören Fragen zu jedem vollständigen Finanzierungsgespräch. Doch Frage ist nicht gleich Frage. Wie kommt es, daß Kunden auf einige Fragen sehr kurz, gar nicht oder sogar falsch antworten? Es ist nicht immer die kühle Berechnung des Kunden. Oft sind es das Unverständnis des Kunden für die bohrenden Fragen, die (vermeintliche) Neugierde des Bankmitarbeiters oder einfach die Ungeschicktheit in der Fragetechnik.

Welcher Kunde beantwortet schon gerne Fragen nach dem Arbeitgeber, den Familienverhältnissen oder den regel- und unregelmäßigen Verpflichtungen sowie nach dem Einkommen? Wesentlich leichter fällt das nach offenen Aufforderungen und vor allem nach sorgfältigen Begründungen, die mit einem Nutzen für den Kunden verbunden sind: „Bitte schildern Sie mir die derzeitige (wirtschaftliche) Situation, damit ich Ihren Kreditwunsch für Sie prüfen kann." Oder: „Um Ihren Finanzierungswunsch zu entscheiden, benötige ich von Ihnen einige Informationen und Unterlagen: ..." Oder: „Erzählen Sie mir bitte, was ich über Ihren Finanzierungswunsch wissen sollte, bevor ich Ihnen detaillierte Vorschläge unterbreite."

These 3: Das Formular gibt die Fragen vor.

Natürlich verlocken die vielen Formulare zum Kreditgeschäft (Kreditanträge, Selbstauskunft, Finanzierungsmusterverträge) zum schnellen Einsatz: Das Kreditverkaufsgespräch wird klar strukturiert, der Berater erspart sich viel Zeit, zusätzliches Notizpapier entfällt, und alle wichtigen Angaben werden vom Kunden gezielt erhoben.

Doch wie kommt der „routinierte" Formulareinsatz beim Kunden an? Nicht eine individuell erbrachte Dienstleistung, das persönliche Gespräch und der Kreditwunsch stehen im Mittelpunkt der Aktivitäten, sondern das Abfragen nach Formular und das Eintragen in das Formular werden beobachtet. Das Kundengefühl ist eher mit einer verstaubten Amtsstube, einer Behördenkammer verbunden als mit einem modernen und dynamischen Dienstleistungsunternehmen am Ende des 20. Jahrhunderts. Es entsteht ein steriles Fragespiel nach Formularvorgaben: ‚Berater fragt amtsmäßig – Kunde antwortet kurz und bündig.' Ein echtes Gespräch, ein Dialog, entsteht so nur selten.

Die Notwendigkeit von Formularen soll hier nicht bestritten werden. Es geht hier um die Form des Formulareinsatzes. Einige Verhaltensweisen – aus Kunden- und Mitarbeitersicht – haben sich bewährt:

- Formulare erst nach einer Kontaktphase einsetzen; nicht mit dem Formular das Gespräch beginnen.
- Formulare ohne Entschuldigung („Jetzt muß ich leider noch das ... ausfüllen") einsetzen.
- Das Formular zur Information des Kunden kurz bezeichnen („Ich fülle jetzt noch den Vertrag zugunsten Dritter für Sie aus").
- Vorteil und Nutzen für den Kunden andeuten („... sichert Ihnen ...", „... für Sie").
- Das Formular scheibchenweise ausfüllen.
- Die Formularfragen immer wieder individuell abwandeln (z.B. Namensnennung, Sie-Stil).
- Sammelfragen („Wo wohnen Sie") statt Einzelfragen („Straße?, Hausnummer?, Postleitzahl?, Ort?") stellen.
- Kleinere Formulare den Kunden selbst ausfüllen lassen.
- Formular möglichst ‚über Eck' zum Mitlesen ausfüllen.
- Formular per Hand und möglichst nicht mit der Schreibmaschine ausfüllen.
- Beim Ausfüllen des Formulars schreiben und gleichzeitig sprechen, um bedrückende Stille zu vermeiden.

These 4: Kreditgeschäfte sind Einmalgeschäfte.

Viele Kreditberater sehen Kredite als Einmalgeschäfte. Dies mag für private Wohnungs- und Hausfinanzierungen zum Teil noch stimmen, aber für die klassischen Konsumentenkredite und das Firmenkreditgeschäft ist das sicher falsch. Kreditnehmer werden mit einer großen Wahrscheinlichkeit künftig immer wieder zu Kreditnehmern.

Ein Kreditkunde, der einen Kredit vereinbarungsgemäß zurückgeführt hat, stellt für jedes Kreditinstitut ein wertvolles Geschäftspotential auch für die Zukunft dar. Die positive Erfahrung – der Bank und des Kunden – kann eine solide Grundlage für weitere Kreditvereinbarungen sein. Die Risiken sind aus Bank- und Sparkassensicht überschaubarer als bei Neukunden, die bisherigen persönlichen Beziehungen beschleunigen die Kreditbearbeitung, beide Partner kennen sich schon. Die vielen neuen Kreditangebote der letzten Jahre mit wiederholten Ausnutzungsmöglichkeiten von festen Kreditrahmen sprechen ebenfalls gegen Kredite als Einmalgeschäft. Die Pflege des guten Bestandes an Kreditnehmern ist eine solide Marktchance für jedes Kreditinstitut.

These 5: Kreditkunden sind Kreditkunden.

Kreditkunden sind schon oft in erster Linie Kreditkunden. Sicher sind sie aber noch mehr für das Finanzierungsinstitut: Kunden im Zahlungsverkehr, Sparkunden (vermögenswirksame Leistungen), Schließfachkunden, Versicherungskunden usw. Die Spartentrennung und die Spezialisierung im Kreditgewerbe haben die Sicht vieler Bank- und Sparkassenmitarbeiter verengt. Sie übersehen aus Gewohnheit oder Bequemlichkeit oft die zusätzlichen Geschäftsmöglichkeiten mit ihren Kreditkunden.

Bankgeschäfte, die nahe bei einer Finanzierung liegen, wie zum Beispiel eine Risiko- oder eine Lebensversicherung, werden noch häufig angestrebt und abgeschlossen. Initiativen zu Kreditzusammenfassungen durch Kreditübernahmen erfolgen schon seltener. Kreditentferntere Bankgeschäfte (Girokonto, Sparverträge, Wertpapiergeschäfte) werden gerne dem Zufall – und damit dem aktiveren Wettbewerb – überlassen. Da es nur wenig Kreditkunden gibt, die nur Kreditkunde sind, lohnt sich die Initiative zum Zusatzverkauf fast immer. Gerade bei Kreditspezialisten (Firmenkreditberater) bietet sich die Überleitung zu Beraterkollegen mit anderen Tätigkeitsschwerpunkten (Auslands-, Wertpapier- oder Privatkundengeschäft) an.

These 6: Kredite werden über den Zins verkauft.

Kreditberater lassen sich durch weniger günstige Kreditzinsen ihres eigenen Instituts oft sehr schnell entmutigen. Sie schieben schlechtere Abschlußziffern (nur oder überwiegend) den schlechteren Konditionen zu. Bestimmt ist der Zinssatz aus Kundensicht ein wichtiges Kriterium für eine Kreditentscheidung. Doch gerade bei der Kreditaufnahme spielen auch eine Reihe weiterer Aspekte eine wichtige Rolle: Erfahrung eines Kreditinstitutes, Beratungsqualität, Betreuungsqualität, persönliche Erfahrungen, Vorurteile, Empfehlungen, Laufzeit, Kreditrate, Nebenbedingungen usw.

Erfolgreiche Kreditberater von Banken und Sparkassen relativieren den eher ungünstigen Zinssatz durch das positive Verkaufen von günstigen Nebenbedingungen wie Schätzergebühren („Sie sparen mehrere hundert Mark gegenüber einem öffentlichen Schätzer“), Bereitstellungsprovisionen, Bearbeitungsgebühren, Zins- und Tilgungsverrechnung usw. sowie durch die individuelle Beratung (Leistungsrate, steuerliche Hinweise, Finanzierungs- und Tilgungsvarianten) und den persönlichen Service (Nähe der Geschäftsstelle, Beratung beim Kunden, persönliche Hilfen). Der – oft nur optisch – günstige Zinssatz eines Mitbewerbers ist dann schnell vom Kunden vergessen.

These 7: Wir verwalten Kreditfälle.

Leider werden in vielen Kreditinstituten immer noch „Kreditfälle von Kreditverwaltungsabteilungen verwaltet“. So abwertend der Begriff „Fall“ für den Kreditkunden ist, so deutlich ist für ihn auch das Wort „verwalten“. Von Fall wird üblicherweise bei der Polizei, in der Kriminalstatistik gesprochen. Persönliche, menschliche Aspekte gehen bei dieser Wortwahl verloren. Der Kunde wird zu einer Nummer, einer Kreditnummer, die verwaltet wird.

Die Bezeichnungen werden nicht nur intern verwendet. Wer glaubt, daß sie der Kunde nicht hört, irrt. Mitarbeiter aus den unterschiedlichen Bereichen verwenden die internen Begriffe – und sei es nur am Telefon: „Ich verbinde Sie mit unserer Kreditverwaltung; Ihr Fall ist schon weitergeleitet.“ Oder „Um welchen Kreditfall handelt es sich? Sagen Sir mir bitte Ihre Nummer?“ Jetzt hört der Kreditkunde die Einstellung aus der oft gedankenlosen Wortwahl.

Die alternative positive und kundenorientierte These lautet „Wir betreuen Finanzierungskunden“. Die Begriffe „Kreditabteilung“ oder „Kreditbetreuung" ersetzen die „Kreditverwaltung"; aus dem „Kreditfall" wird „Kredit" oder „Finanzierung" und wenn unbedingt nötig auch „Konto" oder „Kontonummer". Wenn die neuen Begriffe nicht dienstleistungsorientiert klingen, dann sollten sie zumindest neutrale und nicht abwertende Gefühle auslösen.

These 8: Kredite kann man nicht aktiv verkaufen.

Diese These hat noch besonders viele Anhänger in Kredit(verwaltungs)abteilungen. Sie unterstellen zu Unrecht, daß Kunden mit Finanzierungswünschen sich schon bei ihrer Bank melden. Nicht wenige Kunden finden den Weg zu ihrem Kreditinstitut sehr spät (Händler- und Lieferantenfinanzierungen), zu einem anderen Kreditinstitut (Wettbewerber, Autofinanzierer) oder zu Nichtbanken (Leasinggesellschaften, Versicherungen, Kaufhäuser).

Aktives Verkaufen von Finanzierungen beginnt bei der Kundschaft: Anbieten von Dispositions- und Kontokorrentkrediten, kontinuierliche Betreuung von Kreditkunden, aktives Anbieten von erneuten Krediten („Halbzeit"-Aktionen; aktivieren von freien Grundschuldteilen zu neuen Krediten) und erstmaliges Anbieten von Krediten an Nichtkreditkunden (z. B. Finanzierung von Wertpapierkäufen). Aktives Verkaufen von Krediten muß so selbstverständlich wie das aktive Verkaufen von Anlagen oder Sparverträgen sein. Für den Kunden bedeutet das keineswegs Aufdringlichkeit und Hochdruckverkauf, sondern persönliche Wertschätzung und Information.

These 9: Kreditkunden sind vom Kreditgeber abhängig.

Natürlich gibt es Finanzierungskunden, die von ihrer Bank oder Sparkasse abhängig sind. Doch gilt das nicht für die große Mehrheit aller Kreditkunden. Signalisiert der Kreditberater diese (oft vermeintliche) Abhängigkeit sehr deutlich durch sein Verhalten, legt er die Grundlage für die Aufkündigung der Geschäftsverbindung. Kein Kunde möchte dauerhaft – besonders in einer demonstrativen – Abhängigkeit von seinem Kreditgeber leben.

Die Folge der Überheblichkeit der Bank- und Sparkassenmitarbeiter werden künftige Kundenverluste sein. Kreditnehmer streben aus der bestehenden Geschäftsverbindung heraus. Wann immer es wirtschaftlich für sie möglich ist, werden sie Kredite ablösen oder nicht mehr in Anspruch nehmen. Oft bemerken Kreditberater nur schwindende Umsätze und schwächere Kreditinanspruchnahmen. Sie kennen weder die Gründe für die Rückgänge noch stellen sie Fragen nach den Ursachen. Die heile Kreditwelt bleibt (leider) so erhalten.

Der Gedanke der Geschäftspartnerschaft gilt natürlich auch für das Kreditgeschäft: Es kann für einen Bank- oder Sparkassenmitarbeiter keinen besseren (z. B. Sparkunde) oder schlechteren (z. B. Ratenkreditkunde) Kunden geben. Er ist auf beide Kunden angewiesen; beide Kunden sind Voraussetzung für die regelmäßige Zahlung seines Gehaltes.

059 Tip 47 aus Nr. 5/87	Abschlußmethode: Teilentscheidungen

Stellen Sie Ihren Kunden nach Ihrer Angebotspräsentation so Fragen, daß sie mit jeder Antwort einen Teil des Abschlusses gedanklich schon vorwegnehmen. Die Summe der einzelnen Teilentscheidungen legt somit die Abschlußentscheidung Ihres Kunden weitgehend fest. Dazu ein Beispiel:

Berater: „Was ist Ihr wichtigstes Ziel?"
Kunde: „Ich möchte in zehn Jahren eine Zusatzpension erzielen."
Berater: „Sparen Sie lieber regelmäßig jeden Monat oder lieber unregelmäßig auf dieses Ziel?"
Kunde: „Ich möchte jeden Monat was anlegen."
Berater: „Und soll es immer der gleichhohe Betrag sein?"
Kunde: „Ja, so habe ich mir das vorgestellt."
Berater: „Und die Zinsen sollen auch mit angespart werden?"
Kunde: „Ja, so ist es sicher am besten."
Berater: „Herr König, mit einem ...-Sparvertrag können Sie alle Ihre Vorstellungen verwirklichen ..."
Kunde: „Ja, das mache ich dann so."

Nur mit einem seinen Teilentscheidungen widersprechenden Verhalten kann der Kunde auf einen Geschäftsabschluß verzichten. Die Teilentscheidungen können mit unterschiedlichen Fragestellungen (offene und geschlossene Fragen, Alternativfragen, Suggestivfragen sowie direkten und indirekten Fragen) herbeigeführt werden. Bewährt hat sich auch die Ja-Fragen-Straße: Es werden eine Reihe von Fragen gestellt, die der Kunde aufgrund des vorangegangenen Gesprächs mit „Ja" beantworten wird. Die abschließende Frage soll mit der Zustimmung des Kunden enden.

Berater: „Sie haben den Betrag bisher mit 3% als Festgeld angelegt?"
Kunde: „Ja."
Berater: „Und wollen jetzt mehr Zinsen erzielen?"
Kunde: „Ja."

Berater: „Dann kaufen Sie am besten Rentenpapiere mit 7% Zins. Sie erhöhen Ihre Zinsen um volle 4% und können jederzeit an Ihr Geld, ja?"

Kunde: „Ja, damit bin ich einverstanden."

Weitere typische Fragen für das Herbeiführen von Teilentscheidungen sind beispielsweise:

- „Halten wir für diesen Teil fest: ..."
- „Sprechen wir erst über den kurzfristigen, dann über Ihren langfristigen Kreditbedarf, ja?"
- „Darf ich erst die Kontoeröffnung vornehmen und dann mit Ihnen über Ihren Anlagebetrag sprechen?"

060 Tip 51 aus Nr. 6/87	Abschlußmethode: Taktik der falschen Wahl

Nicht jede Abschlußinitiative von Ihnen wird zu einer positiven Entscheidung Ihrer Kunden führen. Seien Sie deshalb immer gegen Widerstände oder gar das harte „Nein" gewappnet. Mit der „Taktik der falschen Wahl" können Sie dann immer noch zum Geschäftsabschluß kommen. Zwei Beispiele mit solch überraschenden und unangenehmen Kundenreaktionen:

Berater:	„Möchten Sie den Sparbrief mit jährlicher Zinszahlung?"
Kunde:	„Nein, der ist vom Zinssatz her weniger interessant."
Berater:	„Dann empfehle ich Ihnen den Sparbrief mit der Zinsansammlung. Das hat für Sie den Vorteil, daß Ihre Zinserträge automatisch weiter verzinst werden ..."

Berater:	„Hier bietet sich für Sie eine Risikoversicherung zu besonders günstigen Konditionen an."
Kunde:	„Nein. Das ist nicht nötig, ich habe schon eine Lebensversicherung."
Berater:	„Gut, daß Sie das sagen. Sie sparen dann den zusätzlichen Betrag. Dann darf ich alle Unterlagen für Sie vorbereiten? ..."

Mit der Taktik der falschen Wahl rechnen Sie immer auch mit negativen Kundenaussagen wie „Nein" oder „Kommt nicht in Frage". Sie konzentrieren sich nicht auf die negative Seite (= das, was der Kunde nicht möchte) sondern auf die indirekte positive Seite (= das, was der Kunde nicht ausgeschlossen hat – meist die grundsätzliche Zusage!).

Ihre Abschlußinitiative sollte den Kunden kräftig unterstützen. Eine Diskussion über den negativen Aspekt gilt es auf alle Fälle zu vermeiden. Zielführender sind Aufforderungen, die oft durch (zeitlich) begrenzte Vorteile ergänzt sind:

– „Entschließen Sie sich am besten noch heute. Sie sichern sich den günstigeren Kurs der Bundesobligation. Ab Montag müßten Sie bei gleicher Verzinsung schon 0,50 Punkte mehr zahlen. Wieviel soll ich für Sie notieren?"

– „Entscheiden Sie sich für diese günstige Zwischenfinanzierung. Sie können damit viel schneller in Ihr eigenes Heim einziehen und ... Wann soll der Betrag Ihnen zur Verfügung stehen?“

Mit der Taktik der falschen Wahl und durch Aufforderungen lassen Sie sich durch negative Kundenäußerungen nicht vom Abschluß abbringen und bleiben in der abschlußentscheidenden Gesprächsphase aktiv.

061 Tip 63 aus Nr. 8/87	„Sparen lohnt sich nicht mehr!“

Diesen Satz hören Sie in Zeiten allgemein niedriger Zinsen immer häufiger von Kunden. Das abgebröckelte und dann niedrige Zinsniveau führt zu pauschalen negativen Kundenaussagen über die Zinserträge von Bank- und Sparkassenangeboten. Klassische Kundenaussagen lauten:

- „Das Sparen wird immer schlechter?“
  oder
- „Die Zinsen werden immer geringer!“

Von den Reaktionen auf diese Herausforderungen hängt sehr oft der Verkaufserfolg direkt ab. Leider reagieren die Mitarbeiter von Kreditinstituten oft sehr verunsichert, teilweise bekräftigen sie sogar die Kundenaussagen und antworten: „Sie haben recht. Die Zinsen sind in den vergangenen Monaten kräftig gesunken.“ Selbst das Überhören der Zinsvorwürfe ist letztendlich eine Bestätigung für den Kunden. Und die Spitze der unüberlegten Antworten: „Ja, ja, da kann ich nichts dazu. Das ist bei allen Kreditinstituten heute so. Die Bundesbank hat nämlich ...“.

Die verkaufs- und kundenorientierte Alternative: Zeigen Sie vor allem Verständnis für Ihre Kunden sowie deren Meinungen. Achten Sie darauf, daß Sie dabei Ihren Gesprächspartnern nicht uneingeschränkt recht geben. Hier einige Beispiele zur Unterscheidung:

- Recht geben: „Sie haben recht.“
  Verständnis: „Ich verstehe Ihre Äußerung.“
- Recht geben: „Da stimme ich Ihnen zu.“
  Verständnis: „Ich kann Sie da gut verstehen.“
- Recht geben: „Ja, das ist richtig.“
  Verständnis: „Ich finde es gut, daß Sie mich darauf hin ansprechen.“

Mit der verständnisvollen Aussage legen Sie die Grundlage für eine sachliche Argumentation. Hier bietet sich der Hinweis auf die Realzinsen an. Meiden Sie Rechtfertigungen (Diskontsatzerhöhung!) und Belehrungen

(Zinsspanne!). Achten Sie darauf, daß Sie dabei möglichst in einer kundennahen Sprache sprechen. Hier drei Reaktionsmöglichkeiten:

- „Gut, daß Sie das ansprechen. Wenn Sie die Inflationsrate von fast Null berücksichtigen, dann lohnt sich gerade zur Zeit das Sparen. Ich zeige Ihnen das gerne an einem konkreten Zahlenbeispiel, ja?"
- „Mhm, ich verstehe Sie, Herr Kaiser. Habe ich Sie richtig verstanden, daß Sie an einer spürbar höheren Verzinsung interessiert sind." (Kunde: „Ja, sicher.") „Dann zeige ich Ihnen gerne Alternativen mit höheren Zinsen."
- „Ja, auf den ersten Blick sind die Zinsen im Moment nicht allzu hoch. Bitte beachten Sie auch die zur Zeit niedrige Geldentwertung. Die Zinserträge waren nach Abzug der Geldentwertung selten so hoch wie heute. Ich zeige Ihnen das hier an einer Kurve über die letzten 20 Jahre ..."

062 Tip 110 aus Nr. 5/88	„Ich bin schon zu alt ..."

„Ich bin schon zu alt ..." ist oft die Reaktion von Kunden auf mittel- und langfristige Anlagevorschläge. Eine prekäre Situation, die häufig zu Hilflosigkeit und Ängstlichkeit bei Bank- und Sparkassenberatern führt. Manchmal lassen sogar erfahrene Berater ihren – sehr wohl passenden – Vorschlag schnell wieder fallen und wählen ersatzweise einen alternativen Vorschlag mit deutlich kürzerer Laufzeit.

Indirekt bestätigen Sie Ihre Kunden und drücken unausgesprochen „Sie sind tatsächlich schon zu alt für ..., so wie Sie es ja auch selbst schon sagten!" aus. Und welcher Kunde eines Kreditinstitutes möchte schon gerne hören, daß er zu alt ist?

Wie lauten kunden- und verkaufsorientierte Beraterantworten?
Als sofortige Reaktion kann der Berater in drei Schritten vorgehen:

1. Überraschung ausdrücken,
2. Meinung – jedoch nicht abwertend – äußern und
3. Nutzen- und vorteilsorientierte Frage stellen.

Hier einige Reaktionen mit den drei Schritten:

Kunde: „Für den Sparbrief bin ich zu alt!"

Antwort 1: „Das überrascht mich, Frau Schneider (1). Übrigens, das Sparen ist sicher keine Frage eines bestimmten Alters (2). Oder möchten Sie bewußt auf gute Zinserträge verzichten (3)?"

Antwort 2: „Oh (1), Herr Eidemüller. Die Vorteile höherer Sparformen können auch Sie sicher noch lange nutzen (2). Oder wollen Sie wirklich größere Zinsgewinne verschenken (3)?"

Antwort 3: „Oh, Herr Schmidt, Ihre Aussage erstaunt mich sehr (1). Gerade das Sparen lohnt sich in jedem Alter (2). Oder verschenken Sie gerne gute Zinsen, die Ihnen zustehen (3)?"

Nicht selten ist die Kundenäußerung „Ich bin schon zu alt!" ein Wink mit dem Zaunpfahl („fishing-for-compliments"). Ihr Kunde will vor allem von

Ihnen hören, daß er noch jung ausschaut und daß er vor allem die Anlagedauer noch – mehrmals – erleben wird. Geben Sie Ihrem Kunden das erwünschte Kompliment. Es stärkt Ihre Beziehungen zu Ihren Kunden und erleichtert Ihnen den Geschäftsabschluß.

063 Kommentar 3/87	Wer wird bei Ihnen verwaltet?

Organisatorische Beschreibungen und Bezeichnungen, institutsinterne Begriffe und typische Formulierungen in Kreditinstituten können sehr verräterisch sein: Hier steht die Kunden- und Verkaufsorientierung eines Kreditinstitutes ständig auf dem sprachlichen Prüfstand. Lesen Sie einmal in Ihrem Haus nach oder hören Sie einfach nur einmal aufmerksam zu, wie allgemein über Kunden und speziell den Verkauf gesprochen wird.

1. Schauen Sie vielleicht einmal auf einige Formulare und Mustertexte (Textverarbeitung!): Gibt es sie noch, die klassische *Kreditgewährung?* Deutlicher geht es kaum für die Kunden. Es wird ein einseitiges Geschäft vorgenommen; der Bankkunde muß froh sein, daß er einen Kredit „gewährt" erhält. Die Sprache degradiert ihn zum Bittsteller, das Kreditinstitut erhöht sich zu einem „gnädiglichen" Gewährer. Die vermeintliche Abhängigkeit des Kunden wird sprachlich überaus deutlich dokumentiert. Die Verwendung von Wörtern wie „Kreditgewährung" ist mehr als nur ein sprachliches Relikt. Die letzten beiden Jahrzehnte Entwicklung und Wettbewerb im Kreditgewerbe scheinen spurlos an den Benutzern vorbei gegangen zu sein.

2. Gibt es in Ihrer Bank oder Sparkasse noch die alten *Verwaltungsabteilungen* – die „Wertpapier- und Depotverwaltung" oder die „Kreditverwaltungsabteilung" usw.? Sie meinen, daß das für den Verkauf von Bankleistungen keine Rolle spiele, daß das ja „nur" betriebsinterne Bezeichnungen sind, daß der Kunde diese Begriffe nicht erfährt! Das stimmt sicher auf den ersten Blick. Doch sehr schnell sagt eine Telefonistin oder ein Berater „Ich verbinde Sie mit der Kreditverwaltung" und schon erfährt der Kunde über die veralteten Abteilungsbezeichnungen eindeutig die Einstellung des Kreditinstituts. Nicht nur seine Wertpapiere werden verwaltet, er muß auch erfahren, daß er bei seinem Kreditinstitut nur eine Nummer von vielen ist, die verwaltet wird.

3. Werden bei Ihnen und Ihren Mitarbeitern Kunden *abgefertigt?* Wer zum Beispiel als Bankangestellter nur an Postenzahlen (vor allem Kas-

senposten!) gemessen wird, wird schnell „Abfertigungsroutine" erlernen und einsetzen. Wer immer nur von „abfertigen" spricht, wird nur schwer einen „Dienst" am Kunden leisten können und damit „Vertrauen" entstehen lassen. Die Sprache beeinflußt somit Einstellung und Leistungsqualität. Der routiniert „abgefertigte" Kunde spürt sicher sofort, daß er nur eine Störquelle und damit unwillkommen für sein Gegenüber ist. Das wird dem Kunden nicht immer bewußt sein – aber schon eine *unbewußte Kundenreaktion* ist letztendlich für das Kreditinstitut genau so belastend. Gerade bei beratungsintensiven Dienstleistungen entscheiden Kunden oft mit dem Gefühl, mit dem Herzen.

Hier noch einige Beispiele für instituts- und somit anbieterorientierte Sprache und Bezeichnungen: „Kreditantrag", „Reklamationsannahme", „Hauptverwaltung", „Kassenhalle". Klingen kundenorientierte Begriffe wie „Kreditvertrag" oder „Kreditvereinbarung", „Kundenbetreuung" oder „Kundenservice", „Zentrale" oder „Hauptgeschäftsstelle", „Kundenberatungs-" oder „Betreuungsgruppe" nicht wesentlich kundenfreundlicher?

Die Gegenüberstellungen sind mehr als nur ein Wortspiel. Viele dieser Worte prägen dauerhaft Einstellungen und Verhalten – insbesondere wenn sie sehr häufig gesprochen und gehört werden. Gerade Führungskräfte im Vertrieb von Bankdienstleistungen sollten sehr sensibel für die eigene Wortwahl und die ihrer Mitarbeiter sein. Sorgen Sie deshalb für eine *positive und kundenorientierte Begriffskultur* in Ihrem Einflußbereich und zuerst in Ihrer Geschäftsstelle. Ihre Kunden werden es nicht nur hören.

Denken Sie sich am besten in die Kundensituation hinein: Welche Begriffe würden Ihnen dann unangenehm auffallen? Hier können Sie jetzt mit Ihren Mitarbeitern zur Verbesserung Ihrer betrieblichen „Sprachkultur" ansetzen.

064 Tip 80 aus Nr. 11/87	„... dann gehen Sie am besten zur anderen Bank!"

Verhandlungen mit Kunden werden gerne bei der Frage nach den Konditionen „eng". So behaupten immer wieder einige Kunden, daß sie bei einem anderen Kreditinstitut wesentlich bessere Konditionen erhalten. Die Frage nach dem schriftlichen Angebot bleibt in der Regel unbeantwortet. Der Berater ist jetzt mit seiner Argumentation oft am Ende. Da bleibt nur noch der verheerende Satz „Bei diesen Konditionen, da gehen Sie am besten zu der anderen Bank". Und damit hat der Berater seinen Kunden – unbewußt hoffentlich – aus dem Kreditinstitut geworfen.

Der Kunde kann jetzt nur noch mit einem Gesichtsverlust zurück. Selbst wenn er nur gepokert hätte, also bei gleichen oder gar ungünstigeren Konditionen des Wettbewerbers, gibt es kein Zurück mehr. Das Zurückkommen wäre immer mit einer persönlichen Demütigung verbunden: Irrtum, Verhandlungsschwäche, Übersehen von Nebenbedingungen usw.

Und welcher Kunde möchte sich von einem Bank- oder Sparkassenberater schon in einem persönlichen Gespräch demütigen lassen?

Statt des unbewußten Rauswurfs bleibt für den Banker nur eine Möglichkeit auf die genannten „besseren" Konditionen zu reagieren: Er muß seinem Kunden „goldene Brücken bauen". Goldene Brücken sind alle Formulierungen, die dem Kunden die Möglichkeit geben, sein Gesicht zu wahren. Hier einige Beispiele:

- „Von wann ist das andere Angebot?"
- „Gilt das andere Angebot auch heute noch?"
- „Welche Nebenbedingungen hat Ihnen der Berater des anderen Instituts in dem Gespräch genannt?"
- „Haben Sie das andere Angebot schriftlich bekommen?" („Ja") „Was stand im einzelnen drin?"
- „Hat der andere Berater mit Ihnen auch über ... (z. B. Abschluß- oder Bearbeitungsgebühren, sonstige Nebenkosten, Gebühren, Provisionen, Zins- und Tilungsverrechnung, Rückzahlungsbedingungen usw.) gesprochen?"

- „Ist es möglich, daß ... (z.B. andere Laufzeiten, Beträge, Termine usw.) in dem anderen Angebot enthalten sind?"
- „Wie lange wurde Ihnen die Kondition zugesichert?"
- „Was passiert, wenn Sie ... (früher verfügen, weniger sparen, mehr tilgen usw.) möchten?"

Sie erleichtern mit diesen gezielten Fragen Ihrem Kunden, noch einmal mit Ihnen zu sprechen. Sie vermeiden mit den goldenen Brücken einen Gesichtsverlust und erhöhen damit die Abschlußwahrscheinlichkeit.

065 Tip 114 aus Nr. 5/88	„... und jetzt brauche ich noch Sicherheiten!“

Das Kreditgespräch läuft harmonisch ab. Die Atmosphäre ist bisher angenehm und konstruktiv. Nur ein „heikles“ Thema ist beiderseits noch nicht angesprochen worden: die Absicherung des Kredits. Unsichere Berater kündigen mit einem Überraschungsangriff plötzlich den unangenehmen Gesprächsabschnitt an:

- „So, und jetzt muß ich auch mit Ihnen noch über die Absicherungsmöglichkeiten sprechen. Was haben Sie ...?“

Oder drohen wortgewaltig:

- „Jetzt müssen Sie noch Sicherheiten stellen ...“.

Sicher gibt es aber auch geschicktere Wege, das nicht so erfreuliche Thema deutlich anzusprechen:

1. Der Kreditberater kündigt frühzeitig an: „Damit ich Ihnen die passende Kreditform vorstellen kann, benötige ich von Ihnen einige Unterlagen und Informationen: ... Welche Sicherheiten möchten Sie stellen? ... (– Pause –) Zum Beispiel ...?“
   Vorteile: Die Fragen werden für den Kunden begründet; er kann konstruktive Vorschläge machen; Abwertungen des Kreditkunden werden vermieden.
2. Der Kreditberater spricht mit seinem Kunden: „Natürlich gibt es bestimmte Voraussetzungen für die Kreditvereinbarung; dazu zählen auch die Sicherheiten. An was, Herr Schöne, haben Sie gedacht?“
   Vorteile: begründete Frage; Sicherheiten mit Kundennutzen verbunden; Abwertungen werden vermieden.
3. Der Kreditberater hat alle persönlichen Informationen erfragt und den Kredit in allen Details erläutert. Nur das Thema Absicherung des Kredits ist noch offen. Jetzt stellt er die Frage „Sie haben mich noch nicht nach Sicherheiten gefragt?“ und setzt eine Wirkungspause ein.
   Vorteile: keine bedrohliche Ankündigung; Kunde kann Vorschläge bringen; Abwertungen werden auch bei dieser Vorgehensweise vermieden.

Das Negativthema „Absicherung des Kredits“ wird jeweils offen vom Kreditberater angesprochen. Persönliche Abwertungen der Kreditkunden werden in allen Varianten vermieden. Der Kunde wird konstruktive Vorschläge (Angebote) machen, da er ja an einer Kreditaufnahme interessiert ist.

066 Tip 96 aus Nr. 2/88	„Wann zahlen Sie den Kredit aus?“

Neben dem eigentlichen Kreditwunsch gibt es noch eine Reihe von Kriterien, die darüber entscheiden, bei welcher Bank der Kunde seinen Kreditwunsch befriedigt:

- Welche Höhe und welche Laufzeit ist möglich?
- Wie teuer kommt mich der Kredit (Kondition)?
- Wie oft muß ich zur Bank gehen, bis ich den Kredit bekomme?
- Welche Unterlagen, welche Sicherheiten muß ich bringen?
- Wann bekomme ich den Kredit ausbezahlt?
  (Das heißt für den Kunden: Wann brauche ich das Geld?)
- In welcher Relation steht die Höhe der monatlichen Kreditrate zu meinem monatlich frei verfügbaren Einkommen?
  (Oder anders: Kann ich mir den Kredit leisten? Worauf muß ich möglicherweise verzichten, oder kann ich mir nebenbei noch andere Ausgaben leisten?)

Wenn Ihre Mitarbeiter bedarfsgerecht verkaufen, so müssen sie auf diese Kriterien besonders achten.

Der Kunde fragt zum Beispiel, wann er den Kreditbetrag haben kann:

Falsche Argumentation:

Nicht gleich die entsprechende Antwort geben. Denn Sie wissen nicht, ob die Zeitdauer der Abwicklung des Kredites mit den Wünschen des Kunden übereinstimmt. Möglicherweise braucht er den Kreditbetrag früher, als Sie ihm angeben.

Richtige Argumentation:

Stellen Sie die Gegenfrage: „Wann brauchen Sie das Geld?“
Aufgrund der Kundenantwort entnehmen Sie, ob Sie eine normale Abwicklung vornehmen können oder ob Sie eine schnellere Lösung ermöglichen müssen.

Übrigens, Sie als Führungskraft sind für die richtige Argumentation Ihrer Mitarbeiter verantwortlich. Deshalb beobachten Sie, wie Ihre Mitarbeiter argumentieren, und besprechen Sie nötigenfalls die richtige Argumentation.

Durch die richtige Argumentation können Sie ein Gespräch besser steuern.

067 Tip 75 aus Nr. 10/87	„Sie müssen schon entschuldigen!“

Reklamationen – ein eher unangenehmes Kapitel im Umgang mit Kunden. Nicht jeder Bank- und Sparkassenmitarbeiter beherrscht hier die „psycho“-logische Vorgehensweise; eine Vorgehensweise, die auch in der belasteten Situation noch Zufriedenheit bei Kunden auslöst.

Nach einer berechtigten Reklamation ist eine wirksame Entschuldigung gegenüber dem Kunden angebracht. Nicht jede Beraterformulierung erfüllt allerdings dabei ihren Zweck. Unglückliche Aussagen wie

- „Sie *müssen* das schon entschuldigen“,
- „Entschuldigung, da hat sich *unsere XY-Abteilung* aber geirrt“ oder
- „Das kommt schon mal bei *so vielen* Kunden vor.“

führen oft zu unangenehmen Kundenantworten wie „Ich muß gar nichts!“ oder „Das ist mir egal, ich brauche den XY-Beleg!“. Die Beispiele zeigen klar: Im Mittelpunkt steht das Kreditinstitut, die Bearbeitung, unsere Abteilung usw. Der Kunde hat sich in den Rahmen zu pressen („Sie müssen ...“).

Wählen Sie besser eine sehr persönliche Entschuldigungsform, die den Kunden in den Mittelpunkt der Aussage stellt. Dazu gehören:

1. Ansprache der Gefühle,
2. Ich-Stil,
3. klare Entschuldigung,
4. Sie-Stil und
5. Konkretisierung der Situation.

- „Das tut mir leid (1.). Ich (2.) entschuldige (3.) mich bei Ihnen (4.) für die Verzögerung/das Versäumnis/den Fehler/den Ärger/die Fehlbuchung/usw. (5.)“

Wenn Sie gezielt die Ich-Form wählen (auch dann, wenn ein Kollege den Fehler zu vertreten hat!) kommen Ihnen die meisten Kunden weit entgegen und äußern zum Beispiel „Nicht nötig, Sie können ja nichts dafür". Ihre Entschuldigung hat voll positiv gewirkt.

Sie können die persönliche Entschuldigung auch einsetzen, wenn die Ursache einer Reklamation sowohl vom Kreditinstitut als auch vom Kunden zu vertreten ist. Dann lautet die Entschuldigung:

- „Es tut mir leid. Ich entschuldige mich bei Ihnen für das *Mißverständnis.*"

Kapitel 5: FÜHREN

068	Tip	Wirksames Lob – wirksame Kritik
069	Tip	Ein Mitarbeiter wechselt
070	Tip	Kontrollieren Sie sich selbst einmal!
071	Tip	In dir muß brennen, was du in anderen entzünden willst!
072	Kommentar	Wer motiviert den Zweigstellenleiter?
073	Tip	Sprechen Sie über Möglichkeiten statt über Unmöglichkeiten!
074	Tip	Ein Mitarbeiter hat gekündigt
075	Tip	„Warum haben Sie mir das nicht vorher gesagt?“
076	Kommentar	Wissen Sie, warum Sie so wichtig sind?
077	Tip	Wann haben Sie das letzte Mal einen Mitarbeiter gelobt?
078	Tip	Der Management-Regelkreis
079	Tip	„Was wollen Sie mit dem Geld machen?“
080	Kommentar	„Der Kunde ist König!“
081	Tip	Mitarbeiterbesprechung
082	Tip	Kontrolle oder Erfolgsbilanz?
083	Tip	„... und jetzt stehe ich im Regen!“
084	Tip	Wann muß sich ein Mitarbeiter verteidigen?

068 Tip 36 aus Nr. 4/87	Wirksames Lob – wirksame Kritik

Ein Mitarbeiter hat eine gute Leistung erbracht. Zum Beispiel hat er seine Verkaufsziele erreicht oder sogar deutlich übertroffen. Sie sind zufrieden mit ihm und wollen das positive Verhalten verstärken. Das ist ein guter Grund für ein Lob.

Damit das Lob nicht „verpufft" oder gar Ärger verursacht, beachten Sie am besten die *Elemente wirksamen Lobens:*

- Loben Sie klar und deutlich.
- Loben Sie nicht zu lange („1-Minuten-Lob").
- Loben Sie nicht nur das Ergebnis, loben sie auch das Verhalten.
- Loben Sie umgehend.
- Loben Sie konkret; sprechen Sie Einzelheiten an.
- Loben Sie persönlich; loben Sie nur Außergewöhnliches vor Kollegen.
- Loben Sie, indem Sie Ihre Empfindungen mitteilen.
- Loben Sie echt, warm und anteilnehmend.
- Loben Sie angemessen und nicht übertrieben.
- Loben Sie durch Ermutigungen.
- Loben Sie anerkennend; nicht kritisierend („Das war gar nicht schlecht!").
- Loben Sie auch durchschnittliche Leistungen.
- Loben Sie durch persönliche Anerkennung (strahlender Blick; Freude; Hände schütteln; überraschendes kleines Präsent).

Sie verstärken mit Lob das Verhalten Ihrer Mitarbeiter. Ihre Mitarbeiter spüren Ihre Zufriedenheit. Betriebsklima und Arbeitsergebnisse werden stabilisiert – daneben kann Lob auch Spaß machen, denn: Lob geben, bewirkt auch Lob bekommen!

Verhaltensweisen und Arbeitsergebnisse entsprechen allerdings nicht immer Ihren Vorstellungen. Nehmen Sie rechtzeitig Korrekturen vor, indem Sie kritisieren. Beachten Sie dabei die *Elemente des wirksamen Kritisierens:*

- Kritisieren Sie kurz und bündig („1-Minuten-Kritik").
- Verbinden Sie Kritik nicht mit – wenig glaubhaftem – Lob.

- Kritisieren Sie möglichst umgehend.
- Zeigen Sie bei der Kritik auch Ihre Empfindungen („Ich ärgere mich ...").
- Kritisieren Sie das Verhalten konkret.
- Sagen Sie exakt, *was* falsch gemacht wurde und vor allem, *wie* es richtig sein könnte.
- Kritisieren Sie nicht pauschal („Sie sind der schlechteste Berater!") und abwertend („Was kann man überhaupt von Ihnen erwarten?").
- Ermutigen Sie den Mitarbeiter (Motto: Weg von der Vergangenheit – hin in die Zukunft!).
- Reichen Sie ihm abschließend die Hand.
- Beobachten Sie den Mitarbeiter, daß Sie bald etwas Lobenswertes finden und sagen Sie es.

069 Tip 14 aus Nr. 12/86	Ein Mitarbeiter wechselt

Welcher Zweigstellenmitarbeiter kennt das nicht: Die Personalabteilung sendet eine Information über den bevorstehenden Wechsel eines Mitarbeiters. Ein langjährig bewährter Mitarbeiter verläßt die Zweigstelle und wird durch einen jungen und unerfahrenen Mitarbeiter ersetzt.

Für alle Beteiligten stellt solch ein Wechsel eine besondere Herausforderung dar:

- Für den alten Kollegen die Verabschiedung und Übergabe des Platzes sowie der Kunden in einer Phase der eigenen Ungewißheit (Was kommt Neues auf mich an meinem neuen Arbeitsplatz zu?).
- Für den neuen Kollegen sowohl die Freude (Erwartung eines festen Arbeitsplatzes) als auch die Unsicherheit über den neuen Arbeitsplatz (Was kommt da im einzelnen auf mich zu?) und die Angst vor Überforderung (Erfülle ich auch alle Erwartungen?)
- Für die Kollegen die Sorge vor Mehrarbeit (Einarbeitungszeit des neuen Kollegen; Leistungsträger verändert sich).
- Für die Kunden das Umgewöhnen (Ein neues Gesicht? Wie lange wird der neue Mitarbeiter bleiben? Wie erfahren ist der junge Mitarbeiter?).
- Für den Zweigstellenleiter die Gedanken um Leistungsquantität und -qualität (Erfüllt der neue Mitarbeiter die Erwartungen?).

Binden Sie möglichst alle betroffenen Mitarbeiter und auch die Kunden ein, wenn Sie folgende Fragen beantworten:

- Wer informiert die Kollegen? Wann werden sie informiert?
- Wie wird der alte Mitarbeiter von den Kunden verabschiedet?
- Wie werden die Aufgaben übergeben? Alle oder in Teilen? Nur an den neuen Mitarbeiter oder auch an Kollegen?
- Welche Aufgaben und Kunden soll der neue Mitarbeiter übernehmen? Nur Aufgaben und Kunden des wechselnden Mitarbeiters oder auch von anderen?

– Wie wird der neue Mitarbeiter eingearbeitet? Wer übernimmt die persönliche Betreuung (Pate)?
– Wie wird der neue Mitarbeiter den Kunden vorgestellt?

Beachten Sie auch bei jedem Mitarbeiterwechsel, daß die individuelle Information der Kunden besser ankommt als standardisierte Informationen wie Prospekte oder standardisierte Briefe. Das

- persönliche Verabschieden von den wichtigsten Kunden,
- das telefonische Verabschieden von den guten Kunden und
- das briefliche Verabschieden von den sonstigen Kunden

hat sich in der Vergangenheit immer wieder bewährt. Parallel dazu sollte sich der neue Mitarbeiter bei den entsprechenden Gruppen vorstellen.

070 Tip 28 aus Nr. 2/87	Kontrollieren Sie sich selbst einmal!

Mitarbeiterführung findet aus Sicht vieler Mitarbeiter in Kreditinstituten nicht oder nur als „Restgröße“ statt: Für Kunden scheint immer Zeit zu sein, für die Institutszentrale und deren Stabsabteilungen wird die Zeit genommen und für die Mitarbeiter in der Zweigstelle bleibt der „verfügbare Rest“ der Zeit. Da das Führungsverhalten bis zu einem Drittel der Verkaufsleistung in einer Zweigstelle beeinflussen kann, lohnt es sich, über die Zeit für das Führen der Mitarbeiter nachzudenken.

Nehmen Sie einmal Ihren aktuellen Terminkalender und schauen Sie für die kommenden sechs Wochen nach:

- Wieviel Kundentermine (im Kreditinstitut, beim Kunden und kundenbezogene Veranstaltungen) haben Sie fest notiert?
- Wieviel Termine mit Kollegen der Hauptstelle (Gespräche, Besprechungen, Arbeitskreise, Ausschüsse) haben Sie fest notiert?
- Wieviel Mitarbeitertermine (Mitarbeitergespräche, Teambesprechung, private Termine) haben Sie fest notiert?

Überrascht Sie Ihr Ergebnis?

Bei den meisten Zweigstellenleitern dominieren eindeutig die Kunden- und Zentrale-Termine vor wenigen Mitarbeiterterminen. Das bemerken gerade auch Ihre Mitarbeiter in Ihrer Zweigstelle und empfinden es oft als individuelle Vernachlässigung sowie Geringschätzung.

Deshalb: Planen und vereinbaren Sie am besten auch feste Gesprächstermine mit Ihren Mitarbeitern. Die einzelnen Gesprächsgegenstände können sehr unterschiedlich sein:

- Anerkennung
- Beurteilung
- Aktivitäten
- Kritik
- Information
- Arbeitsqualität
- Förderung
- Schulung
- Tätigkeitsschwerpunkte
- neue Aufgaben
- Aktuelles
- Aufgabenverteilung
- Privates
- Kontrolle
- usw.

Halten Sie die Gesprächsergebnisse – im Sinne einer festen Vereinbarung – fest, und vereinbaren Sie gleich einen weiteren Gesprächstermin zur Sicherung der Ergebnisse. Der Folgetermin dient Ihnen zur Kontrolle, dokumentiert die Wichtigkeit der getroffenen Vereinbarungen und spornt Ihre Mitarbeiter zur Ergebnisverfolgung an. Nicht zuletzt steigt damit auch die Zahl Ihrer Termine für Mitarbeitergespräche an.

071 Tip 19 aus Nr. 1/87	In dir muß brennen, was du in anderen entzünden willst!

Dieses Zitat des Kirchenlehrers Augustinus ist auch für Sie als Führungskraft wichtig. Von Ihrem Verhalten, Ihrer Vorbildwirkung hängt es ab, ob Ihre Mitarbeiter mit Freude und Engagement bei der Sache sind. Die Motivation von Mitarbeitern ist nicht „organisierbar" oder durch Rundschreiben anzuordnen, sondern wird von der jeweiligen Führungskraft beeinflußt. Für Ihre Mitarbeiter sind Sie „die Firma", und Sie lösen durch Ihr Verhalten positive oder negative Reaktionsketten aus.

Denken Sie daran, wenn Ihr Institut ein neues Produkt auf den Markt bringt oder eine Verkaufsaktion startet. Hier genügt es nicht, die Information darüber schriftlich zu vermitteln oder den Mitarbeitern lediglich die sachlichen Inhalte zu präsentieren.

Ihre Mitarbeiter müssen im Sinne des Zitates „spüren und erleben", daß Sie selbst von der Sache überzeugt sind, die geschäftspolitischen Gründe voll vertreten und gewillt sind, mit dem neuen Produkt oder der Verkaufsaktion Erfolg zu haben. Bei einem Produkt, das zu verkaufen ist, sollte es selbstverständlich sein, daß Sie als Geschäftsstellenleiter dieses Produkt selbst in Anspruch nehmen, wenn es in Ihre Bedarfssituation paßt.

Was hilft Ihnen bei dieser Motivationsaufgabe?

1. Eine gute Vorbereitung der Mitarbeiterbesprechung. Sie sollten die übersandte zentrale Information nicht nur vorlesen, sondern die Inhalte mit den Zielen Ihrer Bank darstellen und mit den Chancen für die eigene Geschäftsstelle verbinden: „Was bringt uns, was nützt uns ..."

2. Die Präsentation sollte optisch aufbereitet werden. Wenn Ihre Mitarbeiter *hören und sehen,* werden die Gründe für die Aktivität besser verstanden, richtiger interpretiert und bleiben länger im Gedächtnis verankert.

3. Binden Sie die Mitarbeiter in die Ideenfindung ein. Ermuntern Sie sie, Fragen zu stellen und ersuchen Sie um Ideen, was man zusätzlich in Ihrer Geschäftsstelle machen könnte.

4. Machen Sie Ihre qualitativen und quantitativen Zielvorstellungen klar, und vereinbaren Sie mit Ihren Mitarbeitern konkrete Aufgabenziele.

Denken Sie immer daran, Ihre eigene Motivation ist für den Erfolg ausschlaggebend. „Brennen Sie, damit Sie in anderen entzünden können!“

072 Kommentar 8/87	Wer motiviert den Zweigstellenleiter?

Eine spannungsvolle Fragestellung, die wir in fast jedem Seminar, vor allem in Führungsseminaren, immer wieder von Teilnehmern hören. Natürlich haben die meisten Fragesteller (Führungskräfte wie Zweigstellen-, Filial- oder Bereichsleiter, Gruppen-, Ressort- oder Abteilungsleiter) ihre Frage schon selbst beantwortet, noch bevor sie so richtig klar und deutlich in der Runde vernommen wurde:

NIEMAND motiviert uns! – Man läßt uns im Stich!

Die Antwort ist als Provokation gedacht und auch so zu verstehen. Sehr viel treffender wäre etwa eine Antwort wie „Es geht mir nicht um das WER, sondern es geht um das WIEVIEL an Motivation" oder „Ich würde gerne häufiger Beachtung durch die Geschäftsleitung – und damit Motivation – spüren". Und da scheint die Lage schon sehr klar: Generell ist die Motivation von Führungskräften in Kreditinstituten erheblich ausbaufähig.

Noch immer geistert ein merkwürdiges Schlagwort durch Banken und Sparkassen: „Wenn Sie nichts von mir hören, ist alles in Ordnung!" Klar, daß bei solchen Rahmenbedingungen die Betroffenen die Eingangsfrage gefühlsmäßig spontan mit „Niemand motiviert uns!" beantworten. Doch was nutzt das Zeigen auf andere Führungskräfte (Geschäftsleitung, Bereichsleiter, Hauptstelle usw.)?

Erfolgreiche Zweigstellenleiter warten nicht ab, sie suchen gezielt nach Motivation – und sie finden sie auch in unterschiedlichen Situationen. Motivation von oben ist wichtig, sie ist aber nicht der einzige Weg. Das motivatorische Umfeld kann sich jede Führungskraft selbst gestalten:

Weg 1: Motivation durch persönliche Erfolge

Gute Ergebnisse, wie außerordentliche Steigerungsraten oder unerwartet hohe Abschlußziffern, können Sie als persönlichen Erfolg verbuchen. Nach dem Motto „Erfolg schafft weiteren Erfolg" dienen Ihnen diese persönlichen Erfolge als Ansporn für Ihre weiteren Aktivitäten in der Bank oder Sparkasse.

Weg 2: *Motivation durch Ausgleichsaktivitäten*
Sie tanken Ihre Energie und Kraft in Ihrer privaten Sphäre: Familie, Hobby, Vereine, Verbände, Organisationen usw. Die Energien, die Sie in Ihrem Kreditinstitut verbrauchen, sammeln Sie gezielt und systematisch im Freizeitbereich. Es findet dadurch ein kontinuierliches An- und Entspannen statt.

Weg 3: *Motivation durch Kunden*
Anerkennende Äußerungen und kleine Aufmerksamkeiten von Kunden sind für Sie immer wieder Ansporn für besonderes Engagement. Zufriedene Gesichter und Kunden machen Sie selbst zufrieden und steigern damit Ihre Leistungsbereitschaft, Ihre Leistungen und Ihre Leistungsqualität.

Weg 4: *Motivation durch Mitarbeiter*
Ähnlich wie die Motivation durch Kunden wirkt die Anerkennung durch Ihre Mitarbeiter: Ein gutes Betriebs-(= Zweigstellen-)klima, niedrige Fluktuationsraten und der „gute Ruf" Ihrer eigenen Stelle spornen Sie als Führungskraft an.

Der Weg 5 wäre die *Motivation der Führungskräfte durch deren Führungskräfte* (Geschäftsleitung, 2. Führungsebene). Das Defizit in diesem Bereich haben wir schon angesprochen. Engagierte und aktive Führungskräfte warten nicht auf die Motivation von oben. Sie *holen sich ihre Motivations- und „Streicheleinheiten" ganz gezielt.* Sie stellen immer wieder bewußt Fragen, die von der nächsthöheren Führungsebene motivatorisch beantwortet werden können:

– Wie ist das Projekt aus Ihrer Sicht gelaufen?
– Was ist Ihnen bei unseren ... (Ergebnissen, Aktivitäten, Aktionen usw.) besonders aufgefallen?
– Wie beurteilen Sie zur Zeit das Engagement, die Leistungen, die Beratungsqualität usw. der Zweigstelle?
– Waren Sie mit ... (Veranstaltung, Bericht, Plan usw.) zufrieden?
– Welche Stärken, welche Schwächen sehen Sie zur Zeit bei mir?
– Wie sind Sie zur Zeit mit meinen Mitarbeitern zufrieden?
– Wie war ... (unsere Aktion, unsere Ausstellung, unsere Idee)?
– Wie sehen Sie ...; wo sollten wir neue Schwerpunkte setzen?
– Welche Aufgaben sollten wir zusätzlich angehen?

Isoliert gesehen können die Antworten auf diese Fragen motivierend wirken. Sie müssen es aber nicht. Viel wichtiger ist deren dauerhafte Erziehungsfunktion „nach oben". Ihre Führungskraft muß sich öfter mit Ihnen und Ihrer Zweigstelle beschäftigen. Diese Beschäftigung führt in der Regel zu mehr Motivation.

Ein erfolgreiches Buch für Manager trägt den Titel „Spielregeln für den Umgang mit Chefs – Wie behandele ich meinen Chef am geschicktesten?" *Auch Führungskräfte können ihr Motivationsverhalten ändern. Wir müssen sie nur auf den richtigen Motivationsweg führen.* Eine Aufgabe, die Ihre Führungskraft, Sie selbst, Ihre Mitarbeiter und damit Ihre Zweigstelle weiterbringt.

073 Tip 50 aus Nr. 6/87	Sprechen Sie über Möglichkeiten statt über Unmöglichkeiten!

Wenn man mit Mitarbeitern über durchgeführte Aktionen spricht und sie über Erfahrungen mit Produkten in Verkaufsgesprächen befragt oder eine neue Aktivität diskutiert, so hört man oft überwiegend negative Argumente. Dies sind die ersten, die auf Befragung seitens der Mitarbeiter vorgebracht werden. Sie hören, „warum etwas nicht geht"!

... daß die Kunden nicht abschließen, weil ...
... daß das Produkt für diese Kunden nicht in Frage kommt, weil ...
... daß man diese Kunden nicht ansprechen könne, weil ...
... daß die Struktur Ihres Marktes und Ihrer Kunden anders ist ...
... daß bei Ihren Kunden schon eine Marktsättigung gegeben ist ...

Sie kennen solche Widerstände und andere mehr sicherlich aus Ihren Mitarbeitergesprächen. Plötzlich ist man in einer Negativargumentation, und es ist sehr schwer, zum Positiven überzuleiten. Man versucht, die vorgebrachten Argumente zu entkräften, sie in Frage zu stellen, aufzuzeigen, wie es anderswo geht, und plötzlich ist man in einer Situation, wo sich die gegensätzlichen Argumente immer mehr verfestigen und man nicht mehr zu einer positiv weiterführenden Argumentation kommt. Die Negativargumente bleiben im Raum stehen.

Dabei haben meist dieselben Mitarbeiter, die diese Argumente ins Treffen führen, schon Abschlußerfolge erzielt, auf denen man aufbauen könnte.

Fragen Sie daher gezielt:

„Mit welchen Argumenten ist es Ihnen gelungen, diesen Abschluß zu tätigen?"
„Mit welchem Produktnutzen konnten Sie diesen Kunden überzeugen?"
„Welche schon bewährten Vorteile werden wir den Kunden gezielt anbieten?"

Mit gezielter Frageformulierung können Sie die Erfolgsargumente erfahren und für weitere Erfolge positiv aufbauen. Legen Sie sich daher vor jeder Mitarbeiterbesprechung einige solcher Fragen zurecht.

074 Tip 46 aus Nr. 5/87	Ein Mitarbeiter hat gekündigt

Mitarbeiterfluktuation ist ein normaler Vorgang in jeder Zweigstelle. Nicht immer werden alle Chancen genutzt, wenn Mitarbeiter dem Kreditinstitut kündigen. Gerade die sehr mobilen Mitarbeiter haben oft Erfahrungen gesammelt, die Ihnen als Führungskraft wichtige Hilfen sein können.

Damit sind ausscheidende Mitarbeiter eine willkommene Informationsquelle für Führungskräfte in Bank- und Sparkassenzweigstellen. Führen Sie ein Austrittsinterview mit Mitarbeitern, die gekündigt haben oder aus anderen Gründen ausscheiden. Gehen Sie bei dem Interview schrittweise vor:

1. Schritt: Lassen Sie den ausscheidenden Mitarbeiter offen über positive und negative Erfahrungen sprechen:
   - „Was ist Ihnen aus den letzten Jahren in guter Erinnerung?"
   - „Was hat Sie in den vergangenen Jahren immer wieder gestört?"
   - „Wie haben Sie Ihre Zeit hier in der Zweigstelle erlebt? Was war gut? Was war weniger gut?"

   Alle negativen Punkte sollten sorgfältig notiert werden.

2. Schritt: Vertiefen Sie die unter 1. genannten – vor allem die negativen – Punkte:
   - „Was war im einzelnen negativ?"
   - „Was hat Ihnen nicht so gefallen?"
   - „Was hat Sie im besonderen (im Detail) gestört?"

3. Schritt: Fragen Sie den ausscheidenden Mitarbeiter gezielt nach Verbesserungen und Anregungen:
   - „Was würden Sie sofort ändern?"
   - „Wie würden Sie das im einzelnen machen?"
   - „Auf was würden Sie besonderen Wert legen?"

Die Aussagen, Kommentare, Vorschläge und Anregungen der ausscheidenden Mitarbeiter sind oft deutlicher und offener als vergleichbare Äußerungen anderer Mitarbeiter. Sie enthalten Hinweise zur kontinuierlichen Verbesserung des Betriebsklimas und der Arbeitsorganisation.

Vermeiden Sie Vorwürfe gegen, Diskussionen mit und Rechtfertigungen gegenüber dem ausscheidenden Mitarbeiter. Das Gesprächs-/Interviewklima verschlechtert sich sofort und die Qualität der Informationen nimmt deutlich ab.

075 Tip 102 aus Nr. 3/88	„Warum haben Sie mir das nicht vorher gesagt?"

In welcher Zweigstelle ist es noch nicht zu dieser vorwurfsvollen Frage gekommen? Die Anlässe sind sehr vielfältig: Es werden verspätete, verkürzte oder unterlassene Informationen sowie unterbliebene Hinweise, Anregungen, Warnungen usw. gerügt.

Gerade unter dem Aspekt der Mitarbeiterführung deckt der Vorwurf „Warum haben Sie mir das nicht vorher gesagt?" eine klassische Führungsschwäche auf. Zwischen der Führungskraft und ihren Mitarbeitern bestehen keine festen Regeln für die gegenseitige Information. Die Folge: Informationsübermittlungen erfolgen „nach Gespür", nach angenehmen und vor allem unangenehmen Erfahrungen sowie aus purem Zufall (Arbeitsanfall, Informationsgegenstand, Tagesform usw.).

Wie lassen sich im Bank- und Sparkassenalltag die gegenseitigen Vorwürfe reduzieren oder gar gänzlich vermeiden?

Sprechen Sie – als Führungskraft – mit Ihren Mitarbeitern (vor allem auch mit den neuen und wechselnden Mitarbeitern) feste Grundregeln im Umgang mit Informationen ab. Grundregeln sind allen bekannt, und alle Betroffenen richten sich konsequent danach. Bewährt haben sich zum Beispiel zwei Regeln:

1. *„Außergewöhnliche Informationen sind Bringschulden!"*
   Alle anfallenden außergewöhnlichen Informationen (zum Beispiel: ausbleibende Kreditraten, nichteingehaltene Verpflichtungen, verärgerte Kunden) sind sofort an die betreffenden Kollegen und an die Führungskraft weiterzugeben.

2. *„Routine-Informationen sind Holschulden!"*
   Interessieren die Führungskraft oder einzelne Mitarbeiter normale (= übliche) Vorgänge, so müssen sie sich um diese Informationen selbst kümmern und sie anfordern; diese Regel betrifft natürlich keine vereinbarten und terminierten Berichte.

Sind diese beiden Regeln allen Mitarbeitern bekannt, spielen sie sich in jeder Zweigstelle von alleine ein. Zu den Führungsaufgaben gehören aber auch das ständige Erinnern, das Wiederholen und vor allem das aktive Vorleben der beiden Informationsregeln.

Sie sichern den Informationsfluß und sie reduzieren Konflikte in der Zweigstelle; die Fehler- und Konfliktquoten sinken aufgrund verbesserter gegenseitiger Information.

076 Wissen Sie, warum Sie so wichtig sind?

Als Geschäftsstellenleiter sind Sie Führungskraft und beeinflussen durch Ihre Tätigkeit viele andere Menschen. Die Kunden Ihrer Geschäftsstelle, Ihre Mitarbeiter, Ihre Kollegen in anderen Geschäftsstellen und in zentralen Bereichen. Auch Ihre Vorgesetzten.

Den Erfolg Ihrer Geschäftsstelle entscheiden Sie sogar maßgeblich. Es kommt dabei nicht nur auf das Verfolgen eigener Interessen an, sondern vor allem auch auf die Resonanz der Menschen, mit denen man es zu tun hat. Durch Ihr Wirken und Ihr Verhalten entstehen jene Akzente, die positive oder negative Reaktionsketten bei anderen Menschen auslösen. Denn der gestaltende Faktor aller wirtschaftlichen Vorgänge ist der Mensch.

In Ihrer Bank gibt es eine Reihe von Dingen, die sich der Organisierbarkeit schlechthin entziehen und die vielmehr aus der Eigendynamik der Selbstorganisation eines Unternehmens entstehen müssen. Nehmen Sie als Beispiel etwa die Loyalität Ihrer Mitarbeiter oder deren Identifikation mit Ihrer Bank. Solche für die Lebensfähigkeit Ihrer Bank entscheidend wichtigen Dinge sind nicht durch Rundschreiben oder Anordnungen herbeizuführen. Ganz ähnlich verhält es sich mit Vertrauen und Motivation.

Die Wahrnehmung dieser Funktionen muß durch leistungsbereite und leistungsfähige Führungskräfte erfolgen. Also durch Sie! In Ihren Denkweisen und Verhaltensweisen, Ihren Gewohnheiten und Überzeugungen vermitteln Sie jene Impulse, die entweder Zustimmung auslösen oder Widerstände (vor allem gegen Änderungen und neue Vorgehensweisen) hervorrufen.

Für Ihre Mitarbeiter vermitteln Sie die „Werte Ihrer Bank". Sie sind an Ihre Ideen und an Ihre innere Einstellung gebunden. Sie geben Richtung und Rahmen. Allein schon durch Ihr bloßes Dasein wirken Sie ständig auf Ihre Mitarbeiter ein. Dabei ist nicht zu vergessen, daß der entscheidende Ansatzpunkt Ihrer Führungsfunktion weniger im Verstandesbereich liegt, sondern überwiegend im Gefühls- und Erlebensbereich.

Tatsache ist nun, daß wir im Bankbereich der Bedeutung „des Führens" noch viel zu wenig Bedeutung beimessen und auch in der täglichen Praxis konkrete Führungsaufgaben nur selten durchführen. Dabei liegt im Führungsprozeß der Schlüssel zum Erfolg.

Ohne positives Denken und Handeln aller Ihrer Mitarbeiter können Sie in Ihrer Geschäftsstelle auf Dauer nicht erfolgreich sein. Die wichtigste Ressource, über die Sie verfügen, ist der Mensch, seine Kreativität, sein Engagement. Und diese Verhaltensweisen sind nicht über Druck und Zwang erreichbar, sondern werden weitgehend von Ihrem Führungsstil bestimmt.

Was bedeutet Führen in Ihrer Geschäftsstelle für Sie?

1. Ziele und Strategien für Ihre Geschäftsstelle und Ihre Mitarbeiter aus den Unternehmenszielen ableiten und konkrete Umsetzungsziele setzen.
2. Durch die Realisierung der richtigen Maßnahmen auf diese Ziele hinarbeiten.
3. Ihre Mitarbeiter motivieren, bei der Erreichung der Ziele mitzuhelfen.
4. Ergebnisse durch Ist/Soll-Vergleiche analysieren und Korrekturmaßnahmen bei Abweichungen durchführen.

Dies bedeutet natürlich auch eine Änderung Ihrer Aufgaben und Tätigkeiten in Richtung:

- Führungsaufgaben wahrnehmen
  (durch Mitarbeitergespräche und Mitarbeiterbesprechungen),
- Verkaufstätigkeit durchführen
  (Steuerung des Verkaufs im Mengengeschäft, persönlich verkaufen im Firmenkunden- und Individualgeschäft),
- Aufwands- und Ertragssteuerung vornehmen
  (Verantwortung für Marktausschöpfung und Ertrag Ihrer Geschäftsstelle),
- Information und Kommunikation fördern
  (und dadurch Vermittlung der Unternehmensziele und der Ziele für Ihre Geschäftsstelle sowie der Erwartungen bezüglich der Verhaltensweisen Ihrer Mitarbeiter).

Diese Änderungen sind nicht leicht für Sie, denn Sie müssen sich von Sachaufgaben lösen (über deren gute Erfüllung Sie aber oft erst Führungskraft geworden sind). Künftig verlangt man von Ihnen:

- agieren statt reagieren,
- Chancen erkennen statt Probleme lösen,
- Beschäftigung mit der Zukunft, weniger mit dem Tagesgeschäft und der Vergangenheit.

In seinem 1987 erschienenen Buch „Führungsstil und Absatzerfolg in Kreditinstituten" schreibt Prof. Dr. Diether Gebert über den systematischen Zusammenhang zwischen dem Führungsstil des Geschäftsstellenleiters und dem Absatzerfolg dieser Geschäftsstelle.

Sein Ergebnis: Es besteht ein positiver Zusammenhang!

Das heißt, ein entsprechender Führungsstil, die Führungsqualität fördern den Absatzerfolg in Ihrer Geschäftsstelle. Insbesondere durch zwei Aspekte wird der Erfolg positiv beeinflußt:

- zum einen durch den Aspekt des Lenkens und
- zum anderen durch den Aspekt des Anreizens.

Welche Maßnahmen des Geschäftsstellenleiters fördern nun diese beiden Dimensionen? Wir bringen Ihnen einige Beispiele:

Der Aspekt des Lenkens:

1. *Die produktbezogene Lenkung:*
   - Besprechung von Verkaufsergebnissen und Verkaufserfolgen
   - Setzen von Produktschwerpunkten und deren geschäftspolitische Begründung
   - Konkrete Zielsetzung und Soll/Ist-Besprechungen
   - Verkaufsargumentation erarbeiten (Produktvorteile für den Kunden, Einwandbehandlungen etc.)

2. *Die kundenbezogene Lenkung:*
   - Prioritätensetzung bei Kunden und Zielgruppen
   - Behandlung schwieriger/wichtiger Kunden
   - Kundenzuordnung zu Mitarbeitern
   - Ansprechpunkte für bestimmte Mitarbeiter
   - Kundenbesuche gemeinsam mit Mitarbeitern

3. *Die verhaltensbezogene Lenkung*
- Service- und Hilfsbereitschaft
- Vorbildwirkung der Führungskraft
- Laufende Mitarbeitergespräche
(Erwartungen definieren, Erfüllung beurteilen, neue Vereinbarung treffen)
- Verkaufsverhalten, z.B.:
  - hereinkommende Kunden gleich bemerken,
  - grüßen,
  - Weiterleitung von Kunden,
  - Bedanken (für Gespräch, für Abschluß, ...),
  - Abschlußverhalten
  - usw.

Der Aspekt des Anreizens:

1. *Die Freiräume der Mitarbeiter fördern*
- Übertragen von Verantwortung für Kundengruppen
- Verantwortung für die Vermittlung von Produktinformationen im Team übertragen
- Selbständige Betreuung zugeordneter Kunden
- Delegation von Aufgaben ganz allgemein
- Eigeninitiative Vorbereitung und Durchführung von Verkaufsaktionen

2. *Das „Prinzip Hoffnung" fördern*
- Mitarbeiter erhalten Informationen
- Eigene Vorstellungen/Meinungen einbringen können
- Verbesserungsvorschläge machen können
- Anerkennung, Lob aussprechen (gute Leistungen bemerken!)
- Aktionen optimistisch angehen (wir schaffen es!)
- Am Erfolg aufbauen

3. *Den Mannschaftsgeist fördern (Das WIR-Gefühl stärken)*
- Gemeinsame Besprechungen vor Aktivitäten
- Der Geschäftsstellenleiter verkauft mit
- Der Geschäftsstellenleiter hilft in Streß-Situationen mit
- Der Geschäftsstellenleiter „schützt" seine Mitarbeiter
- Erfolge werden gemeinsam gefeiert

Sicher werden Sie selbst noch einige Beispiele ergänzen können. Sie erkennen aus dieser beispielhaften Auflistung jedoch eindeutig, welche Ihrer Aktivitäten auf Ihre Mitarbeiter erfolgsbeeinflussend wirken. Ihre Aufgabe heißt „verändern"! Ergebnisse, Einstellungen, Verhaltensweisen können nur durch Sie verändert werden. Sie sind in Ihrer Funktion, um Veränderungen auszulösen und dafür zu sorgen, daß auf Veränderungen rechtzeitig reagiert wird.

Führungskräfte sind dazu da, dafür zu sorgen, daß trotz menschlicher Trägheit, trotz Zukunftsunsicherheit, trotz Desinteresse mancher Beteiligten ab und zu etwas Neues geschieht, und zwar in der richtigen Richtung und auf die richtige Weise. Veränderungen sollten Sie nicht als „Störungen", „Schicksalsschläge" empfinden und entsprechend emotional reagieren, sondern sie als Ihre ureigenste Aufgabe erkennen und als persönliche Chance begrüßen. Wer soll denn die Motivation auf andere übertragen, wenn nicht die Führungskraft, die sich über ihre Aufgabe und die zu lösenden Probleme freut. Ein Chef, der sich über die Mängel seines Personals, seiner Organisation, die Mühsal seiner Arbeit beklagt, negiert seine Aufgabe.

Erfolg ohne Einbeziehung der Mitarbeiter ist in Zukunft unmöglich. Deshalb ist der Mitarbeiterführung besonders hohe Aufmerksamkeit zu geben. Schlagworte wie Delegation, Information, Motivation u.a.m. kennen Sie alle.

Wir haben Ihre erforderlichen Verhaltensweisen bei der Mitarbeiterführung in der folgenden Liste zusammengefaßt. Prüfen Sie die 20 angeführten Punkte kritisch. Vor allem, seien Sie ehrlich zu sich selbst. Dann erkennen Sie aus den Antworten, die Sie sich selbst geben, wo Sie ansetzen müssen.

1. Sind die meinen Mitarbeitern übertragenen Kompetenzen/Bandbreiten ausreichend für eine selbständige Erfüllung der Arbeit?
2. Ist der Spielraum bei der Wahl der Arbeitsschritte und Arbeitsmethoden bei meinen Mitarbeitern weitgehend gegeben?
3. Vereinbare ich mit meinen Mitarbeitern konkrete, schriftliche Aufgabenprogramme für einen bestimmten Zeitraum, um weitgehende Übereinstimmung über die zu erbringenden Leistungsstandards zu erzielen?
4. Kenne ich die Arbeitsauslastung meiner Mitarbeiter?
5. Informiere ich meine Mitarbeiter laufend (zumindest einmal monatlich im Rahmen einer Mitarbeiterbesprechung) über geschäftspolitische Maßnahmen sowie über die aktuellen Entwicklungen und Trends in den einzelnen Bank-Geschäftssparten?

6. Vereinbare ich mit meinem Mitarbeitern konkrete Aufgabenziele und -termine (auch quantitative Ziele, z.B. X Telefonate mit Kunden, X Ansprachen usw.)?
7. Lasse ich den Mitarbeitern zustehende Entscheidungen sie selbst treffen?
8. Gebe ich meinen Mitarbeitern nötigenfalls unaufgefordert Hilfestellung?
9. Behalte ich in kritischen/unerwartet eintretenden Situationen Ruhe und Übersicht?
10. Frage ich bei der Planung und Vorbereitung von Verkaufsaktivitäten meine Mitarbeiter nach ihrer Meinung, nach ihren Ideen?
11. Ermuntere ich meine Mitarbeiter zu Verbesserungsvorschlägen für die Arbeitsabläufe in der Filiale?
12. Bespreche ich mit meinen Mitarbeitern Verkaufsergebnisse/Verkaufserfolge im Rahmen von regelmäßigen Mitarbeiterbesprechungen (zumindest einmal monatlich)?
13. Bespreche ich mit jedem Mitarbeiter die Möglichkeiten der individuellen Weiterbildung und Weiterentwicklung (zumindest einmal jährlich)?
14. Bevorzuge/benachteilige ich einzelne Mitarbeiter?
15. Stelle ich den Vorgesetzten heraus?
16. Spreche ich Anerkennung aus? Bemerke ich überhaupt gute Leistungen?
17. Verbinde ich Kritik immer auch mit Anregungen?
18. Lasse ich mir von einem Mitarbeiter, der ein Seminar besucht hat, die für ihn wichtigsten Erkenntnisse sagen?
19. Werden die „Seminargewinne" eines Mitarbeiters im Filialteam besprochen?
20. Überprüfe ich diese 19 Punkte meines Führungsverhaltens in regelmäßigen Abständen (wöchentlich, monatlich, viertel-, halbjährlich)?

Mit den Menschen reden kann durch nichts ersetzt werden. Sehen Sie Ihre Führungsaufgabe daher als direkte persönliche Aufgabe für die folgenden drei Schwerpunkte:

1. Information über Geschäftspolitik und Ziele,
2. Mitarbeitergespräche (Erwartungen, Erfüllungen, neue Vereinbarungen),

3. Mitarbeiterbesprechungen (gemeinsame Aktivitäten in der Geschäftsstelle).

Widmen Sie Ihren Führungsaufgaben genügend Zeit. Der Zeitgewinn, den Sie auf Dauer damit erzielen, ist weit größer. Ebenso steigen damit die Erfolgschancen für Ihre Geschäftsstelle. Dann wissen Sie auch, warum Sie so wichtig sind!

077 Tip 8 aus Nr. 11/86	Wann haben Sie das letzte Mal einen Mitarbeiter gelobt?

Aufgrund negativer Vorkommnisse, oder wenn ein Mitarbeiter einen Fehler gemacht hat, *müssen* Sie mit diesem Mitarbeiter ein Gespräch führen. Anders sieht es aus, wenn Ihr Mitarbeiter seine Sache gut macht oder vielleicht darüber hinaus sich besonders engagiert. Dies wird viel zu leicht als selbstverständlich genommen und gar nicht erwähnt. Angeblich kommt auf 100 Kritikgespräche nur ein Anerkennungsgespräch, wahrscheinlich ist diese Relation in Summe des Verhaltens aller Führungskräfte sogar noch weit schlechter.

Wir loben viel zu wenig. Wir alle brauchen gelegentlich ein kleines Lob. Ihre Mitarbeiter noch mehr als Sie selbst. Wobei Lob nicht gleich eine große und teure Angelegenheit werden muß. Viel wichtiger ist es, daß Sie gute Leistungen Ihrer Mitarbeiter überhaupt bemerken und beachten. Und diese Leistung sollten Sie im Gespräch anerkennen. Wenn Sie dies nicht tun, warum soll sich Ihr Mitarbeiter dann weiter bemühen und anstrengen? Im Gegenteil, er kann sogar in seiner Leistung nachlassen, weil er sich denkt, daß dies ohnehin niemanden kümmert. Dadurch kommt es zu einer Nivellierung der Leistung nach unten. Wenn Ihr Mitarbeiter aber von Ihnen eine Anerkennung seiner Arbeit hört, dann wird er sich bemühen, seine gute Leistung so schnell wie möglich zu wiederholen.

Machen Sie es sich daher zur Angewohnheit, öfter zu loben. Lob und Anerkennung muß spontan und möglichst rasch auf die erbrachte Leistung erfolgen. Dabei genügen manchmal ein paar anerkennende Worte im Vorbeigehen oder ein „Schulterklopfen" bis hin zu einem kurzen Gespräch:

„Frau/Herr ..., ich habe mit Freude gesehen ... Machen Sie bitte so weiter."
„Frau/Herr ..., danke, daß Sie ... so rasch und gut erledigt haben."

Nach dem Lesen dieser Zeilen: Welchen Ihrer Mitarbeiter loben Sie noch heute oder morgen? Zur Erinnerung können Sie sich auch einen Zettel in Ihre Wiedervorlage legen (oder im Kalender aufschreiben): Welchen Mitarbeiter kann ich diese Woche wegen einer guten Leistung loben? Erarbeiten Sie sich auch ein paar Beispiele, wo Sie Ihre Anerkennung aussprechen, zum Beispiel:

- die gute Bedienung eines besonders schwierigen Kunden,
- Hilfeleistung bei älteren, gebrechlichen Kunden,
- wenn die Kasse an einem besonders hektischen Tag auf Anhieb stimmt usw.

Lob und Anerkennung sorgen dafür, daß Ihre Mitarbeiter positive Leistungen weiter erbringen und meist sogar noch ausbauen!

078 Tip 64 aus Nr. 8/87	Der Management-Regelkreis

Das Führen, das Managen ist bestimmten Regelmäßigkeiten unterworfen. Sicher ist auch Ihnen der Management-Regelkreis als Gedankenstütze bekannt. Die gleichen fünf Stufen werden dabei immer wieder durchlaufen:

1. Ziele setzen
2. Planen
3. Entscheiden
4. Realisieren
5. Kontrollieren

Diesen fünf Stufen läßt sich schnell zustimmen. Sicher durchlaufen auch Sie als Führungskraft diese Schritte regelmäßig in Ihrem Bank- und Sparkassenalltag. Doch wie weit binden Sie Ihre Mitarbeiter in den Management-Regelkreis ein? Hier eine Checkliste als Unterstützung zu den fünf Schritten:

Zu 1. – Kennen alle Mitarbeiter Ihre Hauptziele und Unterziele, die Ziele der Geschäftsleitung usw.?
– Können die Mitarbeiter bei der Zielfindung und -formulierung direkt oder indirekt mitwirken?
– Akzeptieren Ihre Mitarbeiter die einzelnen Ziele?

Zu 2. – Wer plant (mit)?
– Wer wirkt bei der Planung unterstützend mit?
– Welche Informationen der Mitarbeiter fließen in die Planung ein?

Zu 3. – Ist Beteiligung bei Entscheidungen sinnvoll?
– Wie kommen wir zu echten Vereinbarungen?
– Wie binde ich die Mitarbeiter ein?
– Wie werden die Entscheidungen wirksam?

Zu 4. – Wer soll was realisieren?
– Wie kann ich einzelnen Mitarbeitern helfen?
– Was müssen die Mitarbeiter zur Realisierung wissen?

Zu 5. – Was muß vorrangig kontrolliert werden?
– Wie erfahren die Mitarbeiter Kontrolle als Hilfe?
– Wie kontrolliere ich, ohne zu bestrafen?
– Wie kann ich Selbstkontrolle forcieren?

Alle Fragen beziehen sich auf die Zusammenarbeit mit den Mitarbeitern. Nur mit Ihren Mitarbeitern können Sie letztlich Ihre betrieblichen Ziele erreichen. Der Management-Regelkreis und die daraus abgeleiteten Fragen helfen Ihnen dabei. Sie führen Ihre Mitarbeiter bewußter und gezielter; Ihre Mitarbeiter werden als aktive Mit-Arbeiter Ihre Ziele erfüllen.

079 Tip 84 aus Nr. 12/87	„Was wollen Sie mit dem Geld machen?“

„Das geht Sie gar nichts an“, wird der eine oder andere Kunde auf diese Frage antworten, wenn er bei der Abhebung eines größeren Betrages von seinem Sparbuch derart angesprochen wird.

Dabei meint es unser Mitarbeiter gut. Ist der Kunde unzufrieden? Bekommt er woanders mehr Zinsen? Wäre vielleicht eine Kreditfinanzierung für den Kunden besser, wenn es sich um eine bestimmte Anschaffung handelt? Er möchte dem Kunden helfen, aber er bekommt eine negative Kundenreaktion.

Wie könnte man den Grund für die Abhebung erfahren? Eine schwierige Fragestellung, denn nur allzu leicht kann man durch eine ungeschickte Frage den Kunden erst so richtig verärgern. Insbesondere, wenn man einen Kunden nur flüchtig oder gar nicht kennt. Erhält Ihr Mitarbeiter einmal auf eine Frage eine solche negative, ablehnende Reaktion, wird er künftig die Ansprache möglichst vermeiden und Vorwände finden, warum er es nicht tut.

Sie dürfen Ihren Mitarbeitern also nicht nur sagen, *WAS* sie zu tun haben, sondern müssen mit Ihnen auch das *WIE* erarbeiten. Bei obigem Beispiel könnte die Fragestellung etwa so lauten:

„Ich sehe, Sie heben einen größeren Betrag ab. Sind Sie mit uns unzufrieden?“

„Ich frage Sie nicht, weil ich neugierig bin, aber vielleicht kann ich Ihnen bei einer eventuellen Anschaffung mit einer zusätzlichen Information nützlich sein ...“

In den meisten Fällen bewährt sich auch die anschließende Frage:

„Darf ich mit Ihnen darüber sprechen?“

Erarbeiten Sie mit Ihren Mitarbeitern die Ihnen für den jeweiligen Anspracheanlaß am besten erscheinende Argumentation. Ebenso bei Verkaufsaktionen, die Sie durchführen, oder bei Einführung neuer Produkte. Die Erarbeitung der richtigen Fragestellung mit Ihren Mitarbeitern bringt Ihnen die richtigen Antworten seitens der Kunden.

Die Erarbeitung der Verkaufsargumentation ist Führungsaufgabe. Diese Aufgabe kann nicht an die Schulung oder die Marketingabteilung „delegiert“ werden. Sie als Geschäftsstellenleiter sind dafür verantwortlich, WIE Ihre Mitarbeiter im Verkaufsgespräch argumentieren, WIE sie sich in bestimmten Verkaufssituationen verhalten, denn dies ist Ihre Erfolgsbasis.

080 Kommentar 7/87	„Der Kunde ist König!"

So lernen es immer wieder die Nachwuchsmitarbeiter und die jungen Bankkaufleute. Sicher eine alte und weit verbreitete Grundeinstellung im Verkauf von Dienstleistungen. Natürlich ist der Kunde König, wenn es um Höflichkeit und Freundlichkeit geht, er ist König, wenn Atmosphärisches und Kontaktschaffendes angesprochen werden, natürlich ist er König, wenn es um den Tonfall und die Umgangsformen geht. Gilt dies aber auch für die materielle Seite des Verkaufs, für die Angebots-, Vertrags- und Konditionengestaltung?

Hier sind sicher erhebliche Einschränkungen zu machen: Aus der Kundenrolle „König" ergibt sich für die Bank- und Sparkassenmitarbeiter zwangsläufig die Rolle eines „Dieners". Und können Sie sich vorstellen, daß Kunden von Kreditinstituten von Dienern, von Lakaien zufriedenstellend beraten werden wollen? Können Sie sich vorstellen, daß beratungsintensive und erklärungsbedürftige Dienstleistungen – wie es die überwiegende Zahl von Bankangeboten ist – von Lakaien überzeugend erläutert und erfolgreich verkauft werden?

Das Verkäufermotto „Der Kunde ist König!" gilt sicher nur bedingt für die materielle Seite der Beziehung „Bankmitarbeiter – Bankkunde". Weit treffender und zeitgemäßer ist der Begriff der *„Geschäftspartnerschaft" zwischen Berater und Kunde.* Die Geschäftspartnerschaft läßt sich mit dem Bild der Waage symbolisieren:

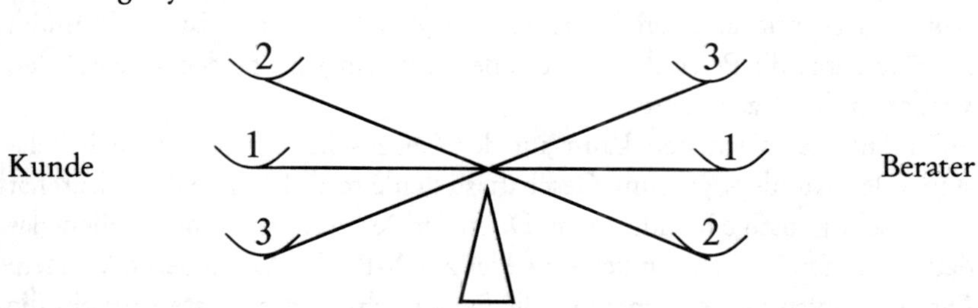

Geschäftspartner (K = Kunde und B = Berater/Bankangestellter) wiegen gleich viel auf den beiden Armen einer Pendelwaage (Pendelstellung 1). Beide Geschäftspartner haben ein fundamentales Interesse an einem Geschäftsabschluß. *Sie möchten jeweils einen Nutzen erzielen.* Der Kunde zieht seinen Nutzen aus einer vorteilhaften Bank- oder Sparkassenleistung und der Berater erhält für sein Institut einen angemessenen Preis vom Kunden.

Die Geschäftspartnerschaft ist *Basis einer langfristigen Zusammenarbeit.* Schlägt das Pendel der Waage dagegen für eine Seite deutlich und längerfristig aus (Pendelstellungen 2 und 3), wird der andere Teil nach einem neuen Geschäftspartner suchen: Anbieter lassen sich nicht dauerhaft und ohne eine Chance zu einer Änderung auf Verlustgeschäfte ein, und Kunden wechseln sehr wahrscheinlich zum nächsten Anbieter, wenn sie dort spürbar günstigere Bedingungen vorfinden.

Der Gedanke der Geschäftspartnerschaft gilt für beide Seiten der Bankbilanz, also für alle Geldgeschäfte. Es kann für Sie *keinen besseren oder schlechteren Kunden* geben. Sie sind sowohl auf den Anlage- wie auch auf den Kreditkunden angewiesen. Beide *Kundengruppen sind notwendige Voraussetzung für die regelmäßige Zahlung Ihres Gehaltes.* Geschäftspartnerschaftliches Hauptziel wird fast immer eine umfassende, langfristige und ertragreiche Geschäftsverbindung sein. Mit steigender Kontenzahl und vermehrter Inanspruchnahme von Dienstleistungen durch einen Kunden wächst die Bindung zum Anbieter. Die Waage läßt sich durch ein ungünstiges oder ungeschickt vorgebrachtes zusätzliches Angebot nur wenig bewegen.

Die Geschäftspartnerschaft ist sehr stark durch personenbezogene Aspekte bestimmt. Sie kennen sicher auch die verbreitete Kundenreaktion auf ein weniger günstiges Angebot: „Herr Schneider, Ihr Angebot liegt zwar 0,25% unter dem Vergleichsangebot der Bank da drüben, aber weil wir bisher so gut zusammengearbeitet haben, laß' ich mein Geld bei Ihnen". Der Kunde sagt mit anderen Worten: Die Angebotswaage ist nach unten gedrückt, aber die Persönlichkeit des Beraters bringt die beiden Waagschalen wieder in die Waagrechte.

Persönliches Verhalten kann auf der Gegenseite die Waage auch belasten. Der Kunde sagt zum Geschäftsstellenleiter: „Ihr Kreditinstitut hat schon sehr günstige Konditionen. Doch der Berater! Der ist unmöglich, das dauert immer. Da geh' ich lieber wieder zur X-Bank". Mit anderen Worten: Die Angebotswaage stimmt, aber die Persönlichkeit des Beraters drückt die Waagschale deutlich auf die ungünstige Seite.

Ihre *Geschäftspartner fordern von Ihnen materielle und persönliche Leistungen.* Der persönliche Aspekt wird zwar vom Kunden seltener direkt angesprochen, dennoch registriert er ihn mit jedem Kontakt. Stimmt die

Waage aus der subjektiven Sicht des Kunden, haben Sie eine günstige Position für eine dauerhafte Geschäftsverbindung. Denken Sie bei allen Kontakten mit Ihren Kunden an das Bild der Waage. Die Grundeinstellung der Geschäftspartnerschaft macht Sie sicher noch erfolgreicher. In dem Sinne lohnt sich dann auch das Dienen.

Greifen Sie das Thema „Der Kunde ist König!“ und den Gedanken der Geschäftspartnerschaft in einer Mitarbeiterbesprechung auf. Sie sollten mit Ihren Mitarbeitern auf einer soliden gemeinsamen Basis für den Erfolg Ihrer Zweigstelle agieren.

081 Tip 124 aus Nr. 7/88	Mitarbeiterbesprechung

Die Mitarbeiter-/Teambesprechung ist ein zentrales Führungsinstrument. Arbeitsgruppen oder die „gesamte Mannschaft" der Zweigstelle treffen sich, um gemeinsame Frage- und Aufgabenstellungen zu lösen. Erfolgreiche Mitarbeiterbesprechungen werden vom Besprechungsleiter – Führungskraft, Stellvertreter oder beauftragter Mitarbeiter – nach festen Strukturen durchgeführt. Hier eine chronologische Checkliste, die die Ergebnisorientierung in den Mittelpunkt stellt:

1. *Eröffnung*
   - 1.1 Begrüßung aller Teilnehmer
   - 1.2 Gemeinsamkeiten herstellen/Ziel
   - 1.3 Organisatorischer Rahmen
     (Protokoll verlesen; Protokoll übernehmen; zeitlicher Rahmen; Reihenfolge der Wortmeldungen; Tagesordnung; Ergänzung der Tagesordnung; Visualisierung der Ergebnisse auf Flip-Chart, Tafel oder Tageslichtschreiber usw.)

2. *Thema A der Tagesordnung*
   - 2.1 Einstieg
     (Einführung oder Überblick über das Thema; Bedeutung des Themas für die Mitarbeiter)
   - 2.2 Analyse
     (Reihenfolge: Analyse aus Mitarbeitersicht – möglichst: *alle Mitarbeiter kurz zu Wort kommen lassen;* Analyse aus Führungssicht; kurze Diskussion der Analyse)
   - 2.3 Lösungsvorschläge
     (Vorschläge aller Mitarbeiter sammeln; Diskussion der einzelnen Vorschläge in der Runde)
   - 2.4 Vereinbarung
     (= Ergebnis; Abstimmung der Vereinbarungen; Fixierung der Vereinbarungen; Visualisierung der Vereinbarungen; Protokollierung der Vereinbarungen – Ergebnisprotokoll)

3. *Thema B der Tagesordnung*
   3.1 bis 3.4 wie unter 2.

4. *Ausstieg*
   4.1 Themennachlese
   (Weitere offene Themen der Mitarbeiter und der Führungskraft ansprechen wie unter 2.)
   4.2 Zusammenfassung der Vereinbarungen
   4.3 Positiver Ausstieg/Optimismus

Besonders wichtig ist die Sammlung der Lösungsvorschläge (2.3). Achten Sie immer darauf, daß alle Mitarbeiter sich beteiligen können. Durch den Punkt 2.4 wird die Mitarbeiterbesprechung erst überprüfbar: Gelungene Besprechungen weisen konkrete Vereinbarungen auf.

082 Tip 56 aus Nr. 7/87	Kontrolle oder Erfolgsbilanz

Warum assoziiert man mit dem Begriff Kontrolle eigentlich überwiegend negative Aspekte, wie Mißtrauen, Druck usw. Kontrollieren wird oft als Suche nach Fehlern oder Minderleistung empfunden. Muß das so sein? Könnte man nicht versuchen, den „Begriff" Kontrolle auch positiv zu sehen?

Es wird kontrolliert, um

- loben und anerkennen zu können,
- erkennen zu können, was verändert werden muß,
- Mitarbeiter gezielt weiterentwickeln zu können,
- Mitarbeiter zu ermuntern, eventuell anders vorzugehen als bisher,
- Lernprozesse auszulösen,
- Erfolge besprechen zu können.

Letzteres ist im Verkauf von besonderer Bedeutung. Verkaufen kann man nur in einem positiven Klima, in einem Erfolgsklima. Erfolg zieht weitere Erfolge nach sich. Kontrolle wird eher mit „verteidigen" oder „aufpassen, daß nichts passiert" verbunden. Erfolg wird mit Aktivität, mit Leistung in Verbindung gebracht. Sprechen Sie daher nicht über Kontrollen, sondern über Erfolge.

Vorschlag für Führungskräfte: Ersetzen Sie den Begriff Kontrolle durch die Bezeichnung ERFOLGSBILANZ und besprechen Sie diese laufend mit allen Ihren Mitarbeitern.

Wann kann man eine Erfolgsbilanz ziehen? Zum Beispiel:

- Bei der monatlichen Verkaufsbesprechung über die Ergebnisse des letzten Monats,
- Bei Verkaufsaktionen wöchentlich bei Besprechung der Zwischenergebnisse,
- Bei Mitarbeitergesprächen über die Erreichung vereinbarter Ziele.

ERFOLGSBILANZ also zur Anerkennung von Leistung und als Basis für weitere Erfolge!

083 Tip 74 aus Nr. 10/87	„... und jetzt stehe ich im Regen!“

Die häufigste Klage, die wir immer wieder in Trainingsveranstaltungen von Bank- und Sparkassenmitarbeitern hören, lautet: „Mein Chef hat ihm eine bessere Kondition zugesagt, und jetzt stehe ich im Regen!“

Was war passiert? Ein Kunde wollte eine bessere Kondition für eine Dienstleistung erhalten. Der Mitarbeiter blieb hart und der Kunde ging zum Zweigstellenleiter. Einige Momente später verläßt der Kunde mit strahlendem Gesicht das Leiterzimmer (natürlich jetzt mit einer aufgebesserten Kondition!) ... Das ist ein sicherer Weg zu demotivierten Mitarbeitern. Dabei spielen die Entscheidungsgründe des Leiters eine untergeordnete Rolle. Das Gefühl des Mitarbeiters ist eindeutig. Er hat einen persönlichen Prestigeverlust hinnehmen müssen, und das ohne die Chance einer Korrektur. Der Kunde verläßt als Sieger die Zweigstelle – der Berater bleibt als Verlierer zurück.

Was sind die Alternativen für die Führungskraft?

Lösung 1: Die Führungskraft deckt konditionsmäßig den Mitarbeiter voll ab; der Mitarbeiter wird mit seiner Führungskraft zufrieden sein.
– Das Risiko: Der Kunde ist unzufrieden!

Lösung 2: Die Führungskraft zieht den Mitarbeiter hinzu und fragt in Anwesenheit des Kunden nach den Gründen der Konditionsfestsetzung.
– Das Risiko: Konfrontation vor dem Kunden!

Lösung 3: Die Führungskraft fragt erst den Mitarbeiter nach seinen Gründen und empfängt erst anschließend den Kunden.
– Das Risiko: Sehr lange Wartezeit für den Kunden!

Lösung 4: Die Führungskraft empfängt den Kunden nicht; er wird an den (kompetenten) Mitarbeiter zurückverwiesen.
– Das Risiko: Der Kunde wird verärgert!

Die Lösungen 1. bis 4. sind sicher besser als die Eingangssituation – nur: der Kunde leidet unter allen vier Wegen. Dennoch: Sie müssen mit Ihrem Mitarbeiter wahrscheinlich viele Jahre auskommen. Der betroffene Mitarbeiter ist ein Mitarbeiter von wenigen Mitarbeitern Ihrer Zweistelle;

der Kunde ist ein Kunde von mehreren hundert oder tausend. Und doch gibt es einen noch erfolgversprechenderen Weg:

Sprechen Sie in einem Mitarbeitergespräch oder in einer Mitarbeiterbesprechung eine gemeinsame Lösung für Ihre Zweigstelle ab. Die Lösung muß sowohl die Bank- und die Führungsinteressen als auch die Mitarbeiter- und die Kundeninteressen berücksichtigen. Wichtig ist vor allem, daß Ihre Mitarbeiter nicht mehr „im Regen" stehen. Sie vermeiden mit einer zweigstellenspezifischen Lösung Demotivation bei Ihren Mitarbeitern und bieten gleichzeitig eine kundenorientierte Lösung.

084 Tip 118 aus Nr. 6/88	Wann muß sich ein Mitarbeiter verteidigen?

Wenn Sie ihn falsch fragen! Eine „Verteidigungshaltung“ entsteht, wenn der Mitarbeiter in seinem Prestige- und Imagegefühl verletzt wird. Zum Beispiel, wenn Sie ihn vor der Gruppe kritisieren. Daher Kritik immer im Einzelgespräch! Aber auch im Einzelgespräch kann es durch falsche Fragestellung zur „Verteidigungsargumentation“ kommen.

- „Herr Müller, warum haben Sie den Kunden nicht gleich bedient?“
- „Herr Müller, wieso haben Ihre Kunden so wenig Spar-Aufträge!“
- „Herr Müller, Sie haben den neuen Kunden bei der Kontoeröffnung als erstes nach seinem Ausweis gefragt.“

Darauf können Sie nur Antworten erhalten, mit denen sich Ihr Mitarbeiter verteidigt, z. B. im ersten Beispiel Zeitmangel oder die Liste für die Zentrale, die er als Grund anführt. Im zweiten Beispiel wird der Mitarbeiter vielleicht die mangelnde Sparfähigkeit seiner Kunden als Verteidigung anführen. Sie können nur kontern, daß dies nicht so sei, wie andere Beispiele zeigen usw. Das Gespräch läuft fest, gerät sogar in die Nähe einer Konfliktsituation, wo beide Gesprächspartner nur schwer von ihren Standpunkten wegzubringen sind.

Stellen Sie daher weiterführende Fragen!

„Herr Müller, ich sehe, daß Sie eine Menge an Arbeit zu erledigen haben. Gleichzeitig haben wir uns vorgenommen, daß die rasche Kundenbedienung bei uns an erster Stelle kommt. Manchmal kann beides zeitlich zusammenkommen, wie es heute der Fall war, und man weiß nicht, was man zuerst tun soll. Was würden Sie vorschlagen, wie wir diese Frage lösen können?“

„Herr Müller, ich sehe, daß Sie sich bemühen, Ihren Kunden Spar-Daueraufträge zu verkaufen. Wie kann es gelingen, daß mehr unserer Kunden dieses Angebot auch nützen? Mit welchen Argumenten hatten Sie bisher schon Erfolg?“

Dadurch wird der Mitarbeiter nicht „persönlich angegriffen“ und muß sich nicht verteidigen. Er blockt nicht ab und kann konstruktive Lösungsansätze vorschlagen. Überlegen Sie sich daher vor jedem Kritikgespräch die richtige Fragestellung. Am besten gelingt es, wenn Sie Ihre Frage selbst zu beantworten versuchen, um zu erkennen, ob damit Verteidigungsargumentation oder Lösungsansätze ausgelöst werden.

Besser führen durch bessere Fragen!

Kapitel 6: ARBEITSTECHNIKEN

085	Tip	Können Sie sich alles merken?
086	Tip	Telefontag und Telefonstunde
087	Tip	Zusatzverkäufe über die „Angebotsübersicht“
088	Tip	Was man bei Veranstaltungen leicht vergißt!
089	Kommentar	Gibt es objektive Beratung?
090	Tip	Privat- oder Dienstnummer?
091	Tip	Aufschreiben statt anschreien!
092	Tip	Telefonkosten einsparen
093	Kommentar	Kundenbetreuung: Schlagwort oder System?
094	Tip	Kontrollieren Sie regelmäßig die neueröffneten Girokonten?
095	Tip	Unser nächster Termin!
096	Tip	Was tun, wenn eine Kollegin, ein Kollege besonders gute Abschlußergebnisse hat?
097	Kommentar	Beraterplatz-Check-Up
098	Tip	Empfehlungen einholen
099	Tip	Brief und Nachfaßtelefonat
100	Tip	Was man aufschreibt, kann man nicht vergessen

085 Tip 4 aus Nr. 10/86	Können Sie sich alles merken?

Immer wieder liest und hört man Ideen und Tips, die man gerne anwenden und beibehalten möchte. Doch meist bleibt es bei den guten Vorsätzen. Durch das Tagesgeschäft kommt man nicht dazu, solche Vorsätze konsequent umzusetzen. Am Ende des Tages hat man dann fast ein schlechtes Gewissen, wenn man nicht dazu gekommen ist. Und irgendwann einmal vergißt man das, was man ursprünglich für gut und wichtig befand und was man anwenden und beibehalten wollte.

Geht es Ihnen auch so?

Dann legen Sie sich Ihre persönliche Merk-Karte an. Das ist ein kleiner Zettel mit einer Notiz über einen Vorsatz, den Sie konsequent umsetzen möchten. Ihre persönliche Merk-Karte soll Sie ständig daran erinnern. Zum Beispiel könnte auf Ihrer Merk-Karte stehen:

- Kunden um Empfehlung bitten!
- Täglich *einen* Kunden anrufen!
- Welchen Mitarbeiter kann ich heute loben!

Nehmen Sie sich nicht zuviele Ideen auf einmal vor, sonst geht die Priorität verloren und es besteht die Gefahr, daß Sie von vielen Ideen gar keine umsetzen. Ein, zwei, maximal drei Ideen, nicht mehr. Wenn Sie nach einiger Zeit merken, daß sich Ihr Verhalten „automatisiert" hat, Sie also Ihren Vorsatz konsequent umsetzen, dann legen Sie eine neue Merk-Karte mit einem neuen Vorsatz an.

Ihre persönliche Merk-Karte legen Sie zwischen Unterlagen, mit denen Sie jeden Tag arbeiten. Oder sie wird an Ihren Schreibtischkalender gesteckt. Oder ans Telefon geklebt. Sie können sich eine Merk-Karte auch für Vorsätze anlegen, die Sie nicht täglich, sondern einmal wöchentlich oder einmal monatlich umsetzen wollen. Dann kommt die Merk-Karte in die entsprechende Wiedervorlage.

Legen Sie Ihre Merk-Karte sofort an, sonst ist auch diese Idee wieder weg. Denn Ihre Merk-Karte erinnert Sie an für Sie wichtige Anliegen, die Sie bei Ihrer täglichen Arbeit gerne vergessen!

086 Tip 24 aus Nr. 2/87	Telefontag und Telefonstunde

Die aktive Betreuung der Kunden wird für Führungskräfte und Mitarbeiter in Geschäftsstellen immer wichtiger. Ein wichtiges Instrument ist dabei das Telefon. Viele Mitarbeiter mit direkten Kundenkontakten nutzen allerdings das Verkaufsinstrument Telefon noch nicht in dem erwünschten Ausmaß. Sie argumentieren: „Ich muß ja ständig mit Störungen von Kunden sowie Unterbrechungen der Telefonate durch Vorgesetzte und Kollegen rechnen; da geht die aktive Kundenbetreuung per Telefon nicht."

Diese Argumentation enthält einen wahren Kern. Deshalb sollten Sie für Ihre Zweigstelle Vorkehrungen treffen:

1. Interne Störungen
   Sprechen Sie als Führungskraft feste Regeln in Ihrer Zweigstelle für den Telefonkontakt ab. Am besten sorgen Sie für Entlastung der Telefonverkäufer und informieren Sie die anderen Mitarbeiter über den Sinn und Ablauf von Telefonaktionen. Beachten Sie die bewährte Merkformel: Aktive Telefonate gehen vor! Das bedeutet, daß interne Rückfragen, Absprachen und das Einholen von Unterschriften zurückzustellen sind.
2. Die Telefonzeit
   Durch eine geschickte Organisation der Telefonzeiten lassen sich die Argumente Ihrer Mitarbeiter weitgehend entkräften. Führen Sie in Ihrem Verantwortungsbereich den Telefon(halb)tag oder die Telefonstunde ein:

   - *Telefon(halb)tag:*
   Jeder Mitarbeiter Ihrer Zweigstelle telefoniert einen halben oder ganzen Tag pro Monat. Er wird für diese Zeit von allen anderen Aufgaben befreit. So hat er Zeit für die Gesprächsvorbereitung, für die Gesprächsdurchführung und für die Gesprächsnachbereitung.

   - *Telefonstunde:*
   Jeder Mitarbeiter telefoniert jede Woche eine Stunde. Er wird für diese Zeit von allen anderen Aufgaben wie beim Telefontag befreit. Die Telefonate werden möglichst in einem separaten Raum (Besprechungszimmer, Leiterzimmer, Sozialraum) geführt.

Wandeln Sie diese Vorschläge auf Ihre Bedingungen ab. Alleine die klare organisatorische Absicherung der Telefonaktivitäten fördert das „Telefonklima“ in Ihrer Zweigstelle. Ihre Mitarbeiter „gewinnen“ störungsfreie Zeit für aktive Kundenbetreuung per Telefon und können vor allem ungestört von Kunden, Kollegen und Vorgesetzten telefonieren.

087 Tip 67 aus Nr. 9/87	Zusatzverkäufe über die „Angebotsübersicht"

Ihr Kunde hatte Bedarf nach einer Bankdienstleistung. Sein Wunsch wurde ihm von Ihnen kompetent und zuvorkommend erfüllt. Was jetzt, wenn der Kunde sich bei Ihnen bedankt? Wie geht jetzt Ihr Beratungs- und Verkaufsgespräch sinnvoll weiter?

Die weit überwiegende Mehrheit der Kunden verläßt dann wie immer das Kreditinstitut. Wieder wurde eine gute Chance zum Zusatzverkauf vom Bank- oder Sparkassenmitarbeiter – gedankenlos – vertan.

Die *kunden- und verkaufsorientierte Alternative:*

Der Kundenwunsch wird zuerst umfassend erfüllt. Anschließend greift der Berater zu seinen Beratungsunterlagen und zeigt seinem Kunden einen Übersichtsprospekt, vielleicht mit dem Titel „Angebote für Privatkunden auf einen Blick".

Er öffnet diesen Prospekt und legt ihn in das Gesichtsfeld seines Kunden:

- „Bitte schauen Sie einmal hier, Herr Niedermeier. Dieses Angebot der X-Bank nutzen Sie ab 15. dieses Monats (der Berater kreuzt gleichzeitig die betreffende Spalte des Prospektes an). Hier sehen Sie eine Übersicht über weitere interessante Bankleistungen. Was interessiert Sie da zur Zeit am meisten: Eher regelmäßige Spar-/Anlageformen, eher Finanzierungen oder eher sonstige Dienstleistungen wie Bausparen oder Versicherungen? ..."

Der Berater ermittelt mit der dreifachen Alternativfrage den Zusatzbedarf seines Kunden und kann dann entsprechend das Beratungs- und Verkaufsgespräch fortsetzen. Falls Ihnen in Ihrem Hause Übersichtsprospekte fehlen: Sprechen Sie mit Ihren Vorgesetzten, sprechen Sie mit Ihrer Marketing- oder Werbeabteilung und – nicht zuletzt – fertigen Sie sich eigene Übersichten für Ihre Beratungsunterlagen an.

Gerade mit Übersichtsprospekten (ersatzweise selbstverständlich auch Produktprospekten!) läßt sich optisch und argumentativ der Zusatzverkauf elegant initiieren. Der Kunde fühlt sich umfassend informiert und fragt schneller zusätzliche Leistungen nach. Hat der Kunde überraschend kein Interesse, können Sie freundlich und locker aussteigen:

- „Vielen Dank für Ihre offene Aussage. Sie wissen ja, wenn Sie künftig eine Frage haben sollten, ich helfe Ihnen gerne. Rufen Sie mich bitte an, meine Telefonnummer haben Sie ja schon, oder kommen Sie hier vorbei.“

088 Tip 71 aus Nr. 9/87	Was man bei Veranstaltungen leicht vergißt!

Die Veranstaltung in Ihrer Geschäftsstelle ist bestens vorbereitet. Sie haben sich eine Checkliste mit allen Punkten angelegt, die Sie beachten müssen. Und doch vergißt man immer wieder etwas. Manches davon kann die Wirkung Ihrer Veranstaltung verringern. Anderes könnte die Effizienz und den positiven Eindruck noch verstärken. Und manchmal fällt einem während der Veranstaltung eine Idee für danach ein, die man dann nicht mehr realisieren kann.

Wir haben Ihnen ein paar Tips zusammengestellt, was man leicht vergessen kann. Weil es schon oft vergessen wurde. Nehmen Sie diese Tips in Ihre Checkliste auf, Sie ersparen sich, diese Erfahrung erst bei Ihrer nächsten Veranstaltung zu machen.

- Garderobe (Kleiderständer, Schirmständer) bei kühlem, regnerischem Wetter und im Winter. Es ist äußerst unangenehm, wenn die Damen z.B. nicht wissen, wo sie ihre Pelzmäntel ablegen sollen. Oder wo man die regennassen Schirme hinstellen soll.

- Namens-Schilder für Ihre Mitarbeiter, damit sie als Ansprechpartner oder für Auskünfte oder zur Hilfeleistung sofort zuordenbar sind. Wenn Sie in Ihrer Bank Firmen-Ansteckzeichen haben, sorgen Sie dafür, daß diese getragen werden.

- Jeder Besucher sollte etwas mitnehmen, was ihn an den Besuch in Ihrer Geschäftsstelle erinnert (Mappe mit Informationsunterlagen, Prospekte usw.).

- Gästebuch oder Gästeliste, damit Sie die Namen und Adressen der Besucher für Nachfaßaktionen verwerten können.

- Wenn das Buffet nicht ausreicht:
  Halten Sie sicherheitshalber eine Schüssel mit Aufstrich, sowie einen Laib Brot in Reserve, damit Sie nötigenfalls improvisieren können. Auch ein paar Flaschen Mineralwasser und Saft sollten vorrätig sein.

- Fotografieren: für einen Beitrag in der lokalen Zeitung, für eine Präsentation in einer Auslage Ihrer Geschäftsstelle. Einer Ihrer Mitarbeiter wird sicherlich gute Fotos machen können.

Sicherlich fällt Ihnen selbst auch noch der eine oder andere Punkt ein. Je optimaler Ihre Veranstaltung vorbereitet ist, umso größer wird der Erfolg.

089 Kommentar 7/88	Gibt es objektive Beratung?

Kann es objektive Beratung überhaupt geben?
Sicherlich in unserem Bestreben, dem Kunden nur etwas zu verkaufen, was ihm einen Nutzen bringt. In dem Bestreben, die Kundenprobleme und -wünsche genau zu analysieren und die dafür geeigneten Produkte anzubieten. In dem Bestreben, dem Kunden keine für ihn nachteiligen Informationen vorzuenthalten, um nur einige Beispiele zu nennen.

Wie wird die Beratung von Kunden beurteilt?
Aufgrund der zunehmenden Angleichung der verschiedenen Produkte und Angebote wird es für die meisten Kunden immer schwieriger, wesentliche Unterscheidungsmerkmale festzustellen. Demgemäß treten irrationale, gefühlsmäßige Entscheidungskriterien in den Vordergrund. Dazu kommt die unterschiedliche persönliche Situation jedes einzelnen Kunden, seine Umwelt, seine Erfahrungen, seine Erwartungen. So kann für den einen Kunden die Beratung über Investmentfonds zu wenig sein, er erwartet Informationen über Aktien, für einen anderen Kunden ist es hingegen zu kompliziert, für diesen ist eine einfache Anlageform richtiger.

Oder im Verhaltensbereich der Mitarbeiter: Wie kann man Freundlichkeit, Engagement, sicheres Auftreten usw. eines Beraters objektiv messen? Gar nicht! Somit erfolgt eine subjektive Beurteilung.

Die Beurteilung durch den Kunden kann in vielen Fällen nur subjektiv erfolgen!

Der Schweizer Verkaufstrainer Harry Holzheu beschreibt die emotionale Einflußnahme wie folgt:

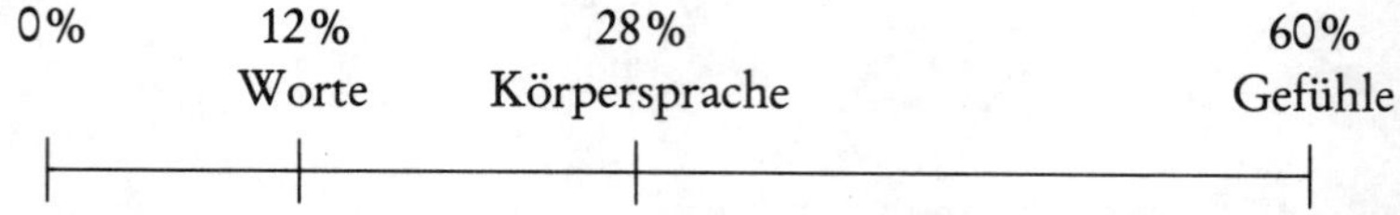

Dies bedeutet, daß Kundenentscheidungen überwiegend gefühlsmäßig erfolgen. Dies wird noch verstärkt durch die „Besonderheit der Bankprodukte“.

Bankprodukte sind abstrakt. Man kann sie nicht sehen, nicht greifen, nicht riechen usw. Das heißt, daß ein wesentlich höheres Maß an Information und Erklärung nötig ist als bei Produkten anderer Branchen, wo man auch mit dem Auge kauft. Das wesentliche Kriterium der Bankprodukte ist das Beratungsmerkmal. Die Kaufentscheidung des Kunden erfolgt überwiegend aufgrund der Initiative, des Verhaltens und der verkäuferischen Fähigkeit des Bankmitarbeiters.

Was heißt das für den Verkäufer in einer Bank?

Persönliche Merkmale des Verkäufers und zwischenmenschliche Beziehungen machen letztlich „das Zünglein an der Waage" aus. Nehmen wir zum Beispiel als eines der wichtigsten Entscheidungskriterien: *VERTRAUEN!*

Wie entsteht Vertrauen? Vertrauen entsteht aufgrund miteinander gemachter Erfahrungen. Guter Erfahrungen, aber auch im Verhalten des Verkäufers bei schlechten Erfahrungen. Aber ist nicht Vertrauen weitgehend irrational, gefühlsmäßig und äußerst schwer zu begründen? Hier liegt die große Chance des Verkäufers. Wenn er es versteht, zu möglichst vielen seiner Kunden Vertrauen herzustellen, dann hat er große Erfolgschancen.

Wie können Sie diese Erkenntnisse organisatorisch unterstützen?

Indem die Kunden Ihrer Geschäftsstelle den einzelnen Verkäufern zugeordnet werden. Berücksichtigen Sie bei der Zuordnung:

- Unterschiedliche Beratungserfordernisse bei einzelnen Zielgruppen.

- Persönlichkeitsstruktur und Eignung Ihrer Mitarbeiter.

- Ausbildungsstand und damit Beratungskompetenz Ihrer Mitarbeiter.

- Vorhandene Beziehungen zwischen Kunden und Verkäufern sollten bestehen bleiben.

Mit der Zuordnung übernimmt der Mitarbeiter die Verantwortung für seine Kunden hinsichtlich Kundenzufriedenheit und gleichzeitig hinsichtlich Ergebnis für die Bank (Produktnutzung, Volumenwachstum, Ertrag). Jeder Ihrer Verkäufer sollte seine Kunden einmal durchgehen und wie folgt einteilen:

1. \+ Gute Beziehung zum Kunden vorhanden, Vertrauenssituation wahrscheinlich. Bei diesen Kunden sollte deren Vertrauen bestätigt werden, indem sie kontinuierlich betreut werden.

2. ? Beziehung ist eher lose, Vertrauenssituation fraglich. Bei diesen Kunden sollte versucht werden, durch Information und konkrete Angebote die Beziehung zu vertiefen.
3. – Kunde ist dem Mitarbeiter kaum bekannt, es ist daher keine Beziehung vorhanden und damit auch keine Vertrauenssituation gegeben. Bei diesen Kunden sollte ein Gespräch gesucht werden, um die Beziehung aufzubauen.

Sie sehen, wie wichtig eine systematische Arbeitsweise für den Erfolg Ihrer Geschäftsstelle ist.

090 Tip 98 aus Nr. 2/88	Privat- oder Dienstnummer?

Das Telefon ist ein unersetzliches Hilfsmittel beim Verkauf und bei der aktiven Betreuung von Bank- und Sparkassenkunden. Doch gerade Anrufe bei privaten Kunden führen immer wieder zu Enttäuschungen bei den anrufenden Mitarbeitern: Sie erreichen nur einen kleinen Teil der angerufenen Kunden (vor allem: Privatkunden!).

Was ist eine Hauptursache?

Ein Großteil der privaten Kunden befindet sich zu den üblichen Arbeits- und Anrufzeiten der Bank- und Sparkassenmitarbeiter an ihren Arbeitsplätzen. Inzwischen sind auch rund 50 Prozent der erwachsenen weiblichen Kunden berufstätig. Da bei vielen Kontoeröffnungen nur die Privattelefonnummern erfragt und gespeichert werden, werden auch nur diese Telefonnummern gewählt. Der Aufwand für das Heraussuchen von Dienstnummern erscheint den meisten Zweigstellenmitarbeitern zu hoch.

Die Folge: In der Regel werden zwischen 8 und 16 Uhr nur rund 35 bis 40% der Privatkunden telefonisch unter ihrer privaten Nummer erreicht; dabei sind schon Hilfspersonen (Großeltern, Kinder usw.) mitgerechnet. *Verdoppeln Sie die Erreichbarkeit Ihrer Privatkunden.* Ihnen stehen zwei Wege zur Verfügung:

1. *Speichern Sie die Dienstnummern ab*
   Erfragen Sie neben der privaten Telefonnummer auch die Dienstnummer Ihrer Kunden. Vergessen Sie dabei keinesfalls eine Begründung wie „Bitte geben Sie mir auch Ihre Dienstnummer, damit ich Sie bei wichtigen Anlässen sofort erreichen kann". Die Bereitschaft, die Dienstnummer anzugeben ist sehr hoch. Nur Kunden, die telefonisch in der Dienstzeit schlecht erreichbar sind (Handwerker, Montagearbeiter), sind mit ihrer Dienstnummer zurückhaltend.
2. *Suchen Sie die Dienstnummer im Telefonbuch*
   Wenn die Telefonnummern geblockt im Telefonbuch nachgesehen und sofort abgespeichert werden (beispielsweise durch die Unterstützung einer Hilfskraft) ist der Aufwand gering. Gefahr: Der Kunde hat seinen Arbeitgeber zwischenzeitlich gewechselt.

Bei aktuellen Privat- und Dienstnummern steigern Sie die Erreichbarkeit auf stattliche 60 bis 80 Prozent Ihrer Kunden. Sie sparen Zeit (weniger chancenlose Anrufe) und erreichen die doppelte Anzahl Privatkunden in der gleichen eingesetzten Zeit. Erst mit dem tatsächlichen Erreichen bemerkt Ihr Kunde Ihr aktives Bemühen um ihn.

091 Tip 54 aus Nr. 6/87	Aufschreiben statt anschreien!

Kunden, die sich beschweren, argumentieren oft sehr emotionell und lautstark. Nicht immer ist es möglich, solche Kunden rasch in ein Besprechungszimmer zu bitten. Die lautstark vorgebrachte Argumentation wirkt aber auch auf andere Kunden störend. Es ist schwer, rasch zu einer sachlichen Gesprächsatmosphäre zu kommen.

Ein kleiner Tip, wie Ihnen das gelingen kann:

„Herr Müller, das ist eine wichtige Sache, die Sie vorbringen. Ich muß mir die wichtigsten Punkte notieren, damit wir diesen Fehler (diesen Mangel) künftig vermeiden können.“

In dem Moment, wo Sie beginnen, sich Notizen zu machen, wird der Kunde seine Stimme senken und auch seine Argumente langsamer und ruhiger vorbringen. Durch das Aufschreiben nehmen Sie seine Beschwerde besonders ernst, und er wird warten, bis Sie einen Punkt fertig notiert haben und erst dann fortfahren. Durch das Aufschreiben einer Beschwerde geht das Handeln auf Sie über, und die Beschwerde kann eher auf eine sachliche Ebene gebracht werden. Probieren Sie es einmal, Sie werden sehen, es wird funktionieren.

Grundsätzlich sollten Sie bei der Entgegennahme einer Beschwerde folgende Verhaltensweisen anwenden:

1. Der Kunde bringt die Beschwerde aus seiner subjektiven Sicht gerechtfertigt vor. Ob er nun tatsächlich recht hat oder nicht, ist nicht entscheidend.
2. Entschuldigen Sie sich daher auf alle Fälle für den Ärger, den Ihr Kunde hat. Eine Entschuldigung kostet Sie nichts.
3. Hören Sie dem Kunden zu und nehmen Sie seine Argumente mit Interesse und Ernst entgegen.

Je früher Sie den Kunden unterbrechen und versuchen, Gegenargumente zu bringen, umso mehr wird der Kunde an seinem Ärger und an seiner

Argumentationssicht festhalten. Sie kommen damit zu keiner sachlichen Diskussion. Erst wenn der Kunde sich seinen Ärger „von der Seele" geredet hat, ist er für Ihre Argumente aufnahmebereit. Wenn Sie sich so verhalten, brauchen Sie vor einer Beschwerde keine Angst mehr zu haben.

092 Tip 15 aus Nr. 12/86	Telefonkosten einsparen

Telefonate sind ein schneller und direkter Weg zum Kunden. Sie eignen sich zum Verkauf, zur Klärung kleiner Fragen und zur Kundenbetreuung. Dennoch sollten die Kosten nicht aus dem Auge gelassen werden: Bei den Telefonkosten läßt sich eine ganze Menge Geld sparen. In einem aktuellen Handbuch für den erfolgreichen Telefonverkauf werden die Kosten für eine Nettoverkaufsminute am Telefon mit ca. 3,— DM angegeben; Tendenz: leicht ansteigend. Kosten sparen heißt am Telefon vor allem, sich kurz fassen!

Gut vorbereitete Telefonate werden regelmäßig kürzer als spontane, unvorbereitet geführte Telefonate. Bedenken Sie beim Kostensparen, daß nicht die absolute Höhe der Kosten ein isoliertes Beurteilungskriterium sein kann. Sinnvoll ist es nur, die Kosten in Relation zu den erzielten Ergebnissen zu beurteilen. Ein extremes Beispiel: Wer überhaupt keine Telefonkosten aufweist – bis auf die Grundgebühren –, wird per Telefon nur reagieren können. Aktives verkäuferisches Telefonieren wird aus Kostengründen ausbleiben. Das kann wohl nicht das Ziel der Kostenreduktion sein!

Regelmäßige Kostenkontrolle ist Aufgabe der Führungskraft und natürlich auch der Telefonverkäufer. Hier eine Checkliste mit bewährten Lösungen zum Kostensparen rund um das Telefon:

- Gebührenzähler am Telefonapparat
- Für den Telefonierenden sichtbare Gesprächsdauer- (z.B. „Eieruhr") oder Gebührenzähler (in Einheiten oder DM-Beträgen)
- EDV-mäßige Erfassung aller ausgehenden Telefonate
- Detaillierte Gesprächsvorbereitungen (Vergleichen Sie dazu Abschnitt 026 mit einem detaillierten Telefonleitfaden)
- Nutzen der Kundendurchwahlnummer und gezieltes Anbieten der eigenen Telefondurchwahlnummern
- Sorgfältige individuelle Analyse aller Telefonate (typische Einwände, typische Verzögerungen)
- Sofortiges Verfahren absprechen und Auflegen, wenn der Gesprächspartner erst noch gesucht wird

- Gesprächsvertagung mit Vereinbarung, wenn Differenzen oder Unstimmigkeiten entstehen
- Kurzinformation an nichtanwesenden Angerufenen weitergeben lassen, statt noch einmal anzurufen
- Häufiger um einen Rückruf bitten
- Besprechen des Anrufbeantworters des Angerufenen

Mit der Berücksichtigung dieser Hinweise wird das Telefon zum aktiven Betreuen und Verkaufen genutzt, und Sie werden sehr schnell die Telefonkosten Ihrer Zweigstelle in den Griff bekommen.

093	Kundenbetreuung: Schlagwort oder System?

Der Begriff „Kundenbetreuung" ist heute in aller Munde. Doch wie sieht es mit den Inhalten aus? Beschränkt sich die Kundenbetreuung auf ein paar gut bekannte Kunden, wird sie „per Zufall" angewendet, oder wird sie mit System durchgeführt? Letzteres eher selten, denn dazu gehören gezielte und konsequente Maßnahmen!

A. Was müssen Sie tun, um ein Betreuungskonzept in Ihrer Geschäftsstelle zu verwirklichen?

1. Welche Kunden werden ausgewählt?

Jeder Mitarbeiter mit Kundenkontakt in Ihrer Geschäftsstelle wählt gemeinsam mit Ihnen etwa 100 Kunden aus. Nicht zu viele Kunden, da Ihre Mitarbeiter ja auch für den Großteil der anderen Kunden Aktionen durchführen müssen und Beratungsgespräche führen.

Die Auswahl erfolgt nach geschäftlichen Schwerpunkten Ihrer Geschäftsstelle, z. B.

- Firmenkunden mit einem Umsatz höher als X DM,
- Freiberufler (Ärzte, Notare, Rechtsanwälte, Steuerberater),
- vermögende Privatkunden,
- Kunden mit einem Wertpapierdepot größer als X DM,
- Kunden, die nach Ihrer Beurteilung eine gute Wachstums- und Ertragschance bieten,
- aber auch alle Neukunden ein halbes Jahr lang oder
- für den Kassierer jene Kunden, die an Münzen interessiert sind usw.

Die Auswahl und Zuordnung sollte auch Eignung, Fachwissen und Betreuungsmöglichkeit (organisatorisch und zeitlich) der einzelnen Mitarbeiter berücksichtigen.

2. Welche Betreuungsziele werden angestrebt?

Diese Kunden sollen durch das Betreuungskonzept intensiv an Ihr Institut gebunden werden, weil dadurch eine hohe Kundenzufriedenheit erreicht wird. Weitere Ziele sind Steigerung des Umsatzes und insbesondere Steigerung der Erträge für den Kunden und für Ihre Zweigstelle.

Sie haben z. B. einen Kunden mit einem Wertpapierdepotstand von 150.000 DM. Auf diesem Depot gibt es laufend Tilgungen und Kupongutschriften. Betreuung heißt, diesen Kunden spätestens bei Gutschrift auf dem Erträgniskonto aktiv zu informieren und ihm bei Bedarf eine neue Anlagealternative anzubieten. Der Kunde hat einen Nutzen durch die prompte Wiederanlage, und Sie verdienen durch die Provision beim Wertpapierkauf. Wenn Sie einem solchen Kunden zwischendurch auch Umschichtungsvorschläge für Teile seines Depotbestandes machen, so „verdienen" wieder beide Teile daran.

Ihr „geschäftliches Ziel" ist für jeden Kunden für jeweils ein Jahr zu bestimmen und auf der Kundenkartei zu vermerken! Zum Beispiel:

- Umsatzausweitung um ...
- Auslandsumsätze in Höhe von ...
- Ausweitung Wechselgeschäft um ...
- Erstmalige Gewinnung von Depositeneinlagen
- Finanzierung der/des geplanten ...
- Langfristiges Ansparprodukt abschließen
- Erhöhung Wertpapier-Depotstand um ...
- Provisionserträge in Höhe von ...
- Zinsspanne von ...
- Deckungsbeitrag in Höhe von ... usw.

3. Welche Betreuungsanlässe werden genutzt?

Folgend eine Auswahl von möglichen Betreuungsanlässen:

Personenbezogene Betreuungsanlässe

- Wichtige Geburtstage im Lebenszyklus, z. B. Volljährigkeit
- „runde" Geburtstage
- Heirat
- Geburt von Kindern

- Scheidung
- Tod (Erbe)
- Wohnungskauf, -renovierung, -einrichtung
- Hausbau/Umbau, Umzug

Berufsbezogene Betreuungsanlässe

- Schulbeginn
- Ende der Schulzeit/Berufseintritt (Entlaßschüler)
- Abitur (Matura)
- Promotion
- Beförderung/Titelverleihung
- Berufsjubiläum
- Abfertigung
- Pensionierung

Produktbezogene Anlässe

- Konditionenänderung
- Gesetzliche/steuerliche Änderungen (Steuerreform, Rentenreform usw.)
- Ablaufende Produkte (Sparverträge, Bausparen, Versicherung)
- „Halbzeitkredite“ (zur Hälfte zurückgezahlte Kredite)
- Zurückgezahlte Kredite
- Neue Produkte
- Wertpapier-Tilgungen bzw. Kupongutschriften ab DM ...
- Neue EC-Karte

Auch die verschiedenen Jahreszeiten können für Betreuungsanlässe genützt werden, z. B. Ostern, Weihnachten, Urlaubszeit, Jahresende usw. Ebenso werden je nach Zielgruppe weitere spezifische Anlässe dazukommen, z. B.

- Firmengründung, Firmenjubiläum usw.
- Ordinationsgründung, Kanzleieröffnung usw.

Erstellen Sie für Ihre Geschäftsstelle eine kleine Liste, welche dieser Betreuungsanlässe Sie künftig generell und konsequent nützen wollen.

Die einzelnen Kunden haben aber auch Interesse an speziellen Informationen beruflicher sowie privater Art. Dies bedeutet für Sie, daß Sie die Interessen dieser Kunden erfragen und auf Ihrer Kundenkartei vermerken müssen, z.B.

- Kunde ist an Handelspartnern im südlichen Europa interessiert,
- Kunde schließt bei Auslandsurlaub immer Reiseversicherung ab usw.

4. *Wie häufig sollen Betreuungskontakte stattfinden?*

Dies wird nach der Art der im Betreuungskonzept aufgenommenen Kunden unterschiedlich sein und aufgrund der möglichen Betreuungsanlässe. Die Art des Kontaktes kann persönlich oder telefonisch, seltener brieflich, sein.

Definieren Sie für jeden der ausgesuchten Kunden die gewünschte Kontakthäufigkeit – z.B. einmal monatlich – auf Ihrer Kundenkartei. Als Mindesthäufigkeit ist ein Kontakt alle zwei Monate anzusehen.

Entscheidend für die Realisierung des Betreuungskonzeptes ist die Anlage und Verwendung einer Kundenkartei für die ausgewählten Kunden, sowie ein Ergänzungsblatt (in etwa lt. Muster nächste Seite). Diese Kartei und die Ergänzungsblätter werden vom verantwortlichen Mitarbeiter zumindest einmal monatlich bezüglich definierter Kontakte und zu realisierender Betreuungsanlässe durchgesehen und jeweils diesbezüglich ergänzt.

Wenn Ihnen für den Anfang 100 Kunden pro Mitarbeiter zuviel erscheinen, so beginnen Sie mit 50 Kunden, aber beginnen Sie!

B. *Wie Sie monatlich zu 20 zusätzlichen Kundengesprächen kommen!*
(Ein weiteres Beispiel für systematische Kundenbetreuung)

Indem Sie ab Montag täglich *einen* Kunden anrufen! Wenn Sie das konsequent durchziehen, kommen Sie jeden Monat auf 20 zusätzliche Kundenkontakte (ca. 200 im Jahr je Mitarbeiter). Kundenkontakte, die sonst nicht zustande kommen würden. Mit Abschlußchancen, die Sie sonst nicht hätten.

Wen sollten Sie anrufen?

- Kunden, die Sie etwas weniger gut kennen.
- Kunden, die eine geringe Produktnutzung aufweisen.

Ergänzungsblatt zur Kundenkartei

Kundenname	**Daten zum Kunden**
MÜLLER, Dr. Franz Facharzt für Chirurgie	– geb. 11.5.1944 – Gattin Andrea geb. 28.6.1948 – Tocher Karin geb. 10.11.1973
Geschäftliches Ziel 1988	**Kontakthäufigkeit**
– Erhöhung Depotstand um TDM 20 auf TDM 270	1 × monatlich
Interesse des Kunden	**Betreuungsanlässe**
– Hobby: Reiten (ganze Familie) – Steuernsparen! – Wertpapierportefeuille Ist: 50 % festverzinsl. 25 % Fonds 25 % Aktien	– Neue Investmentfonds – Umschichtung Aktienbestand – Prompte Wiederanlage Tilg. – Reiseversicherung vor Urlaub – Gattin 1988 – 40. Geb. grat.

Betreuungsplan

Monat	Datum Kontakt	Betreuungsanlaß	Ergebnis
Januar			
Februar			
März			
April			
Mai			
Juni		Gattin zum 40. gratulieren	
Juli		Reiseversicherung vor Urlaub	
August			
September			
Oktober			
November		steuerliche Mögl. f. 89 genutzt?	
Dezember			

Ein Teil der Betreuungsanlässe kann vorgeplant werden, die Anlässe in den restlichen Monaten müssen kurzfristig überlegt werden.

– Kunden, die Sie schon lange nicht in Ihrer Geschäftsstelle gesehen haben.
– Kunden, die Sie mit einer telefonischen Information besonders betreuen wollen:
  z.B. Info, daß seine EC-Karte schon zur Abholung bereit liegt und bei Ihnen persönlich abzuholen ist.
  z.B. Frage, ob der Kunde vor Jahresende schon alle steuerlichen Möglichkeiten genützt hat usw.

Wie gehen Sie vor?

1. *Auswahl der Kunden, die Sie anrufen möchten*
   Mehr als 20 Kunden auswählen, da Sie einige Kunden auch nach mehrmaligen Versuchen nicht erreichen werden. Nicht öfter als dreimal versuchen!

2. *Vorbereitung Kundeninformation*
   Telefonnummer eruieren, Information über Geschäftsbeziehung vorbereiten usw.

3. *Festlegen des Gesprächszieles je Kunde*
   Ergibt sich aus Kundenauswahl und Kundenanalyse.

4. *WANN* (Zeit) und *WO* (Platz) *wollen Sie Ihr tägliches Telefonat durchführen?*

5. *Persönliches Ziel festlegen:*
   – Anzahl der Kunden, die Sie erreichen wollen
   – Anzahl der Terminvereinbarungen aus diesen Telefonaten
   – Anzahl der Abschlüsse aus diesen Gesprächen

6. *Erfolgsbilanz*
   Verwenden Sie dazu die anschließende Checkliste.

Mit entsprechender Systematik wird aus dem „Schlagwort" Kundenbetreuung eine erfolgreiche Konzeption, die Ihnen zufriedene Kunden bringt und damit entsprechend Volumen und Ertrag für Ihre Zweigstelle.

TÄGLICH EINEN KUNDEN ANRUFEN!

Kundenbetreuung für den Monat:

ZIEL: **Anzahl Gespräche:**
Anzahl Termine:
Anzahl Abschlüsse:

Woche/Tag		Kunde	Tel.Nr.	Gesprächsziel	Ergebnis
1. Woche	Montag				
	Dienstag				
	Mittwoch				
	Donnerstag				
	Freitag				
2. Woche	Montag				
	Dienstag				
	Mittwoch				
	Donnerstag				
	Freitag				
3. Woche	Montag				
	Dienstag				
	Mittwoch				
	Donnerstag				
	Freitag				
4. Woche	Montag				
	Dienstag				
	Mittwoch				
	Donnerstag				
	Freitag				

094 Tip 116 aus Nr. 6/88	Kontrollieren Sie regelmäßig die neueröffneten Girokonten?

Warum Sie das tun sollen? Leider funktioniert es nicht immer so, wie wir uns dies wünschen. Die Konten werden eröffnet, aber bei vielen Kunden werden keine Zusatzleistungen mitverkauft. Es fehlen Daueraufträge für regelmäßige Zahlungen zugunsten von Sparkonten, es werden keine Karten für SB-Geräte ausgegeben, um nur zwei Beispiele zu nennen.

Viel später kommen Sie durch Zufall darauf, daß die Cross-selling-Quote bei den Neueröffnungen gering ist. Die Zusatzleistungen zur Girokontoverbindung müssen dann mit größerem Aufwand nachverkauft werden.

Dabei wäre es viel einfacher, bereits bei der Kontoeröffnung gezieltes cross-selling zu betreiben. Dies wird jedoch von vielen Mitarbeitern, aus welchen Gründen auch immer, vergessen. Sie werden überrascht sein, wie hoch die Quote ist. Eigentlich eine verpaßte Chance. Denn der Kunde ist beim Erst-Gespräch

1. besonders aufnahmebereit, weil er zu diesem Zeitpunkt Informationen braucht und will, und
2. er hat am ehesten Zeit für ein ausführlicheres Gespräch, weil er sich darauf eingestellt hat.

Ihre Mitarbeiter sollten sich daher ebenfalls genügend Zeit für das Erstgespräch nehmen. Und weil man ja nicht alles in einem einzigen Gespräch unterbringen kann (weil man damit den Kunden überfordern würde), sollten gezielt Folgegespräche vereinbart werden.

Kontrollieren Sie regelmäßig die Kontoeröffnungen, wobei sich zwei Möglichkeiten anbieten:

1. Tägliche oder wöchentliche Vorlage der Neueröffnungen oder
2. Kontrolle für eine bestimmte Periode im nachhinein (Eröffnungen des letzten Monats oder des letzten Quartals oder des letzten Halbjahres).

Entspricht die Anzahl der mitverkauften Zusatzleistungen nicht Ihren Zielvorstellungen, so führen Sie Gespräche mit Ihrem Team bzw. einzelnen Mitarbeitern, wenn die Quoten stark differieren. Eine gute Cross-selling-Quote bindet den Neukunden gleich von Anfang an stärker an Ihr Institut und erspart Ihnen später zusätzliche Mühe und Zeit.

095 Tip 119 aus Nr. 6/88	Unser nächster Termin!

Wenn ein Beratungsgespräch ohne Abschluß endet, so wird von den Bankberatern nur sehr selten versucht, einen konkreten Folgetermin zu vereinbaren. Diesbezügliche Untersuchungen ergeben eine Versuchsquote von weniger als 10%. Meist läßt man den Kunden gehen, ohne irgendeinen Versuch zu unternehmen, aktiv im Gespräch zu bleiben. Man hofft, daß der Kunde von selbst wieder kommt.

Dabei kann ein Folgetermin durchaus als Teilabschluß bezeichnet werden. Ohne Folgetermin sinken die Verkaufschancen drastisch, weil die Kunden von sich aus nur selten wieder kommen.

Deshalb muß der Verkäufer die Initiative behalten, er muß versuchen, aktiv den Abschluß zu beeinflussen. Und dazu gehört als wichtigstes Kriterium, einen Folgetermin zu vereinbaren. Damit Ihre Verkäufer daran erinnert werden, auch tatsächlich einen Folgetermin zu vereinbaren, eignet sich die Auflage eines Terminvereinbarungskärtchens in etwa folgender Form:

Unser nächster Termin AM: UM: BEI:
FILIALE:

Auf einem DIN A 4-Blatt bringen Sie etwa 18 solcher Kärtchen unter. Zeichnen Sie die entsprechenden Linien und schreiben Sie mit der Schreibmaschine den Text in den Raster. Dann machen Sie davon zehn Kopien, zerschneiden diese mit der Schere, und schon haben Sie 180 Terminvereinbarungskärtchen.

Sie sehen, für eine gute Idee braucht man keine aufwendige Organisation. Mit etwas Eigeninitiative und ein wenig Improvisation kann man eine gute Idee selbst rasch realisieren. Und eine gute Idee ist es, die Abschlußorientiertheit Ihrer Mitarbeiter zu fördern, indem Sie für die entsprechenden Impulse sorgen.

Denn: Mit der Anzahl von Folgeterminen steigen die Abschlußquoten Ihrer Geschäftsstelle.

096 Tip 92 aus Nr. 1/88	Was tun Sie, wenn eine Kollegin, ein Kollege besonders gute Abschlußergebnisse hat?

Wie macht das „der Schmitz"? So fragen sich viele, wenn sie die monatliche Verkaufsstatistik durchschauen und sehen, daß „der Schmitz" (ein fiktiver Name eines Geschäftsstellenleiters) wieder einmal besondere Verkaufserfolge im letzten Monat gehabt hat. Was würden Sie sagen?

- Hat er den besseren Kundenstock?
- Arbeitet er nur mit Hochdruck?
- Suchen Sie Gründe, warum das bei Ihnen nicht möglich ist?

Wenn Sie sich so verhalten, dann suchen Sie nach Entschuldigungen für Ihren geringeren Erfolg und versuchen gleichzeitig, seinen Erfolg herabzusetzen. Beides ist passives Verhalten, aber kein verkäuferisches Vorgehen.

- Oder fragen Sie ihn, mit welchen Argumenten er Erfolg gehabt hat?

Erfolg sollte uns eigentlich beflügeln, auch wenn ihn andere haben. Er sollte uns anspornen, es ihnen gleich zu tun, auch so erfolgreich zu werden. Es ist wie bei Sportlern, da nützt die Ausrede auf schlechtes Material auch nichts, sondern die Beobachtung, was den Erfolgreichen eben erfolgreicher macht und der Wille, ihm nachzueifern und ihn zu besiegen.

Manchmal ist man nur ein wenig ratlos. Dann, wenn man sich selbst bemüht, aber der Erfolg sich nicht dementsprechend einstellt.

- Dann fragen Sie nach den Erfolgsargumenten!

Unserer Meinung nach gehört der Erfahrungsaustausch über Verkaufsargumente noch wesentlich intensiviert. Wir sollten viel mehr über den Verkauf reden und uns gegenseitig befragen:

– unter den Mitarbeitern der eigenen Geschäftsstelle und
– mit Kollegen aus anderen Geschäftsstellen.

Rufen Sie an, fragen Sie, diskutieren Sie! Machen Sie Verkaufsbesprechungen, nützen Sie Zusammenkünfte, nützen Sie Schulungen usw.

Profitieren Sie von den Ideen und Argumenten, die andere mit Erfolg verwenden.

097 Kommentar 1/88	Beraterplatz-Check-Up

Erfolgreiche Verkäufer nutzen ihren Beraterplatz, um ihre Kunden positiv zu beeinflussen. Kleinigkeiten, die der „Platzinhaber" kaum mehr bewußt wahrnimmt, können das Verkaufsergebnis erheblich beeinträchtigen. Deshalb sollten Sie sich Zeit für das Erscheinungsbild der einzelnen Beratungsplätze in Ihrer Zweigstelle nehmen. Achten Sie dabei auf folgende Punkte:

1. Ordnung und Sauberkeit
Der Beraterplatz wirkt und ist sauber. Er präsentiert keine kunstvoll bemalte Schreibtischunterlage, wird von keinem randvollen Aschenbecher geschmückt, lose Notizzettel liegen nicht zur freien Verwendung herum, die Sitzgelegenheiten sind sauber (Fusseln, Locherschnipsel), der Kunde hat genügend Fußraum und ausreichend Platz zum Schreiben, und alles schaut geordnet aus (keine quer über den Schreibtisch verteilten Unterlagen, Ordner oder Listen).

2. Diskretion
Gerade bei Kreditinstituten sind die Anforderungen an die Diskretion besonders hoch: Kundenbezogene Unterlagen wie Notizen, (Konto-)Auszüge, Gesprächsunterlagen, Anträge, Beschriftungen von Akten (Kreditakten!) usw. liegen nicht offen am Beraterplatz. Die Gespräche werden in gebührender Lautstärke geführt, so daß sie nicht die anderen Beraterplätze stören und Mithören unmöglich wird. Wiedervorlagen, Telefonnotizen und Terminkalender liegen nicht offen und einsehbar herum.

3. Prospektständer zum Kunden gerichtet
Der Beraterplatz unterstützt die Verkaufsbemühungen durch gezielt angeordnete Prospektständer: Prospekte binden die Augen der Kunden vor allem während kleiner Gesprächspausen (der Berater verläßt vorübergehend seinen Platz!). Die Prospekte dieses Ständers können als Pausenfüller wirksam eingesetzt werden. Die wichtigsten Prospekte dienen als optische Unterstützung im Gespräch. Neben dem Sinnesorgan Ohr können damit auch die Augen der Kunden angesprochen werden.

4. Übersichtsprospekt im besten Ständerplatz

Oft werden die besonders guten „Stellplätze" durch (oft sogar sehr persönliche!) Unterlagen der Berater verschenkt. Sie werden somit nicht verkaufswirksam genutzt. Der günstigste Ständerplatz (direktester Blick der sitzenden Kunden) sollte durch Übersichtsprospekte belegt sein. Die Übersichtsprospekte haben in den verschiedenen Instituten Titel wie „Angebote auf einen Blick" oder „Unsere Leistungen für Sie". Sie sind häufiger nach Zielgruppen getrennt: Übersichten für Privatkunden, vermögende Private, Gewerbetreibende, Firmenkunden; vereinzelt sind sie nach Leistungsgebieten geordnet: Sparen, Anlegen, Finanzierungen, weitere Dienstleistungen.

Übersichtsprospekte eignen sich besonders als Einstieg zum Zusatzverkauf: Der Berater kreuzt zum Beispiel das bereits abgeschlossene Angebot an und prüft weiteren Bedarf „So, Sie haben jetzt diesen Sparbrief mit den festen Zinsen erworben. Schauen Sie bitte hier: Sie finden hier mehrere Möglichkeiten, regelmäßig zu sparen. Ich informiere Sie gerne näher."

5. Transparentunterlage mit aktuellem Angebot

Der Platz direkt vor dem Kunden (Schreibfläche) kann durch eine Transparentunterlage mit einem aktuellen Leistungsangebot des Kreditinstituts belegt werden. Das kann einer Verkaufsaktion mit konkreten Zahlenbeispielen (Musterbeispiele für übliche Kundengruppen) entnommen sein. Das Angebot liegt zum Kunden gerichtet, so daß es leicht wahrgenommen und gelesen wird. Besonderheiten wie Zinsgewinn oder Steuerersparnis sind mit einem Markierungsstift (bevorzugt in gelber Farbe) deutlich hervorgehoben.

6. Stift und Notizpapier

Kunden nehmen gerne individuelle Unterlagen mit nach Hause. Das Mindeste an Voraussetzungen: Der Kunde kann schnell nach einem Stift und Notizpapier greifen. Am – optisch – besten kommen DIN A 5-Blätter mit Eindrucken an: Beratername (Vor- und Zuname), Titel, Kreditinstitut, Telefonnummer, Bank- und Privatadresse. Der aufliegende Stift sollte mit Institutsaufdruck versehen und gut kopierbar sein.

7. Namensschild

Am Beraterplatz befindet sich ein deutlich lesbares Namensschild des Beraters. Es sollte bei einem Beraterwechsel sofort ausgetauscht werden. Das Namensschild eines Kollegen führt zu Mißverständnissen. Während des Urlaubs und bei Seminarbesuchen gehört das Namensschild entfernt.

8. Visitenkarten

Visitenkarten werden oft nur bei Erstkontakten übergeben. Dennoch sind Kunden auch bei späteren Gesprächen an Visitenkarten interessiert. Ein kleines offenes Kästchen mit Visitenkarten kann zum Zugreifen einladen. Führungskräfte und Berater sind immer wieder erstaunt, wie oft – gerade auch recht bekannte Kunden – nach den Visitenkarten greifen. Wenn nur eine Visitenkarte an einen potentiellen Kunden weitergegeben wird, hat sich das Kistchen auf dem Beraterplatz schon gelohnt.

Sicher können Sie diese Checkliste um einige institutsspezifische Aspekte erweitern. Die Punkte gelten nicht nur für Beraterplätze; sie sind auch auf Besprechungszimmer, Leiterplätze und auf Informations-/Servicezonen (Schalter) übertragbar. Bringen Sie mit Ihren Mitarbeitern die Beraterplätze Ihrer Zweigstelle „auf Vordermann“. Sie bieten damit neben dem guten optischen Eindruck Ihren Kunden gezielte Anreize für weitere Fragen und Produktnachfragen.

098 Tip 9 aus Nr. 11/86	Empfehlungen einholen

Für viele Bank- und Sparkassenmitarbeiter wird es immer schwieriger, erfolgversprechende Aufhänger für Zusatzverkäufe und die aktive Kundenbetreuung zu finden. Ein wichtiger – und dennoch sehr einfacher – Weg wird bei den meisten Kreditinstituten und Beratern noch nicht gegangen: die gezielte Empfehlung von zufriedenen Kunden.

Für den klassischen Banker türmt sich hier eine hohe Hürde. Wir hören immer wieder Einwände wie „Ich bin doch Bankkaufmann und kein Vertreter“ oder „Damit gehe ich meinen Kunden doch nur auf den Wecker“. Das Gegenteil ist oft der Fall: Kunden sind stolz auf die Vermittlung (natürlich ohne Provisionen!) neuer Kunden. Jeder Zweigstellenleiter oder Berater ist schon einmal von einem guten Kunden gefragt worden: „Hat sich Herr Seiler schon bei Ihnen gemeldet; ich habe Sie ihm für ... empfohlen.“ Kunden haben selber ein starkes Interese an Empfehlungen und freuen sich besonders über den Erfolg.

Spätestens, wenn sich ein Kunde von Ihnen für eine vorteilhafte Leistung, für eine gute Beratung oder für einen sehr persönlichen Service bedankt, können Sie ihn um eine Empfehlung bitten. Hier einige Formulierungsbeispiele für das Einholen von Empfehlungen:

- „Das freut mich, Frau Schuster, wenn Sie mit meiner Beratung zufrieden waren. Bitte empfehlen Sie mich weiter.“
- „Gut, Herr Blank, daß Sie das sagen. Sicher kennen Sie auch noch Bekannte oder Freunde, die ... auch nutzen können. Wem darf ich diesen Vorschlag noch unterbreiten?“
- „Vielen Dank. Gerne berate ich auch Arbeitskollegen oder Freunde von Ihnen. Darf ich Sie in einigen Tagen noch einmal anrufen, um den einen oder anderen Hinweis von Ihnen zu bekommen?“

Setzen Sie ergänzend auch Ihre Visitenkarte ein. Zufriedene Kunden reichen Visitenkarten an Bekannte mit Leistungsbedarf gerne weiter. Das Übergeben der Visitenkarte wird oft mit einer persönlichen Empfehlung verbunden. Sprechen Sie die Verwendung eines Kundennamens ab, bevor Sie einen Kundennamen als Referenzgeber verwenden. Nicht nur das Bankgeheimnis, sondern auch Ihr guter Stil im Umgang mit Kunden schreibt Ihnen das Einholen der Zustimmung vor.

099 Tip 55 aus Nr. 7/87	Brief und Nachfaßtelefonat

Häufig werden Verkaufsaktionen mit Brief (Direct-Mail) *und* Telefon kombiniert. Nicht immer stimmt dabei der organisatorische Ablauf:

- Da werden die Briefe zentral erstellt und auch verschickt; die Zweigstellenmitarbeiter erfahren von ihren Kunden über die Existenz und den Inhalt der Briefe. Welcher Berater kann da gezielt die Nachfaßtelefonate durchführen?
- Da werden auf einen Schlag Hunderte von Briefen versendet und ein Telefonat angekündigt; der Berater erhält rechtzeitig die Briefdurchschriften. Doch welcher Berater kann – neben den normalen Tätigkeiten – Hunderte von Nachfaßtelefonaten in kürzester Zeit führen?
- Da werden „interessante Angebote" und „individuelle Zusatzinformationen per Telefon" in dem Verkaufsbrief angekündigt; eine inhaltliche Vorbereitung der beteiligten Mitarbeiter findet nicht statt. Welcher Berater kann dann Spitzenergebnisse durch die Nachfaßtelefonate erzielen?

Kündigt der Verkaufsbrief ein telefonisches Nachfassen an, so muß der Anruf auch etwas Besonderes – immer aus Kundensicht – bieten. Das Mindeste ist die Einladung zu einem persönlichen Gespräch im Kreditinstitut oder auf Wunsch beim Kunden. Individuelle Berechnungen (zum Beispiel: Rentenberechnung, Berechnung einer Steuerersparnis, Berechnung einer Zusatzpension usw.) können einen besonderen Reiz bei den Kunden auslösen.

Telefonische Nachfaßaktionen haben sich bewährt, wenn der Anruf und der Anrufende im Verkaufsbrief angekündigt wurden und *wenn der Anruf zwei bis vier Tage nach Ankunft des Briefes erfolgt.* Daraus ergibt sich für die Arbeitstechnik, daß

- bei größeren kombinierten Aktionen die Briefe sukzessive verschickt werden müssen und
- die Versandmenge pro Versandtag von der Anzahl der durchführbaren Telefonate bestimmt wird.

Da die Postlaufzeiten recht genau berechenbar sind, sollten Sie einen klaren (d.h. tag- und volumensgenauen) Ablaufplan für kombinierte Brief- und Telefonaktionen aufstellen. Die enge Verknüpfung von Werbebriefen und Nachfaßtelefonaten führt dann zu höheren Termin- und Abschlußquoten.

Ihre Kombi-Aktionen verlaufen systematisch; Sie können die anfallenden Telefonate gut verkraften. Es werden keine Kunden verärgert, die ein angekündigtes Telefonat zu spät oder gar nicht erhalten.

100 Tip 42 aus Nr. 4/87	Was man aufschreibt, kann man nicht vergessen

„Was man aufschreibt, kann man nicht vergessen.
Was man vergißt, kann man nicht mehr aufschreiben!"

Diesen Spruch (Quelle unbekannt) hörten wir kürzlich, und er erinnerte uns an die tägliche Praxis. Viele Informationen müssen verarbeitet werden, viele Ideen fallen uns zwischendurch ein. Durch den Trubel des Tagesgeschäftes kommen wir jedoch nicht dazu, Ideen auch wirklich sofort anzugehen und zu realisieren. Auch beim Autofahren fällt uns gelegentlich etwas ein, was wir erledigen wollen. Oder in Besprechungen erinnern wir uns, daß wir etwas zu jemanden senden wollen. Nicht nur, daß wir diese Sachen wieder vergessen könnten, wir werden auch unruhig, konzentrieren uns nicht mehr, werden abgelenkt aus Angst, eben diesen Einfall im Gedächtnis behalten zu müssen.

In der Praxis sind diese Einfälle, Ideen, Erinnerungen tatsächlich bald wieder vergessen. Geht es Ihnen ähnlich?

Dann entlasten Sie Ihr Gedächtnis und schreiben Sie alles auf, und zwar sofort. Auf einem Schreibblock eine Idee nach der anderen oder auf kleinen Zetteln, die Sie mit einer Büroklammer zusammenheften. Manche verwenden dafür auch eine kleine Ideen-Box.

Einmal in der Woche (spätestens einmal im Monat) werden alle Zettel hergenommen, durchsortiert und zugeordnet. (Manchmal werden Zettel auch wieder weggeworfen, weil sich die Notiz erledigt hat.) Auf diese Weise können gute Ideen nicht verloren gehen.

Wichtig für Sie: Immer ein paar Zettel oder einen kleinen Notizblock zur Hand haben. Eine Idee sofort aufschreiben und gleich wieder vergessen, denn Sie werden wieder daran erinnert.

Mit welcher Idee beginnen Sie? Jetzt!

Hoffentlich sind Ihnen auch beim Lesen dieses Buches einige Ideen gekommen. Realisieren Sie dann gleich diesen Tip. Denn eine Idee zu realisieren ist wichtiger, als 100 Ideen zu haben. Versuchen Sie auch, bei Ihren Verkaufsbesprechungen mit Ihren Mitarbeitern aus diesem Buch jeweils einige oder zumindest einen Tip konkret zu besprechen und Maßnahmen für die Umsetzung zu vereinbaren.

Wir wünschen Ihnen dabei viel Erfolg.

Anhang

Literatur für Zweigstellenleiter 240

Stichwortverzeichnis 243

Verzeichnis der bisher erschienenen Tips 249

Autoren 256

Literaturhinweise

1. Bankspezifische Literatur

Helmut Burkhardt	So oder So? – Ein Leitfaden für gute Umgangsformen im Kreditgewerbe, Gerber-Verlag, München 1987
Congena (Hrsg.)	Bank-Entwicklung – Strategien für die Bank der Zukunft, Gabler-Verlag, Wiesbaden 1986
Gebert/Steinkamp/Wendler	Führungsstil und Absatzerfolg in Kreditinstituten dargestellt an Sparkassen-Geschäftsstellen, Gabler-Verlag, Wiesbaden 1987
Günther Geyer	Das Beratungs- und Verkaufsgespräch in Banken – Bankleistungen erfolgreich verkaufen, Gabler-Verlag, 3. Auflage Wiesbaden 1986
Günther Geyer	Telefonpraxis in Banken – Kunden besser betreuen, Leistungen erfolgreicher verkaufen, Gabler-Verlag, Wiesbaden 1985
Geyer/Riedmüller/Ronzal	Erfolgreicher Führen und Verkaufen in der Zweigstelle – Monatliche Praxistips für Filial-, Geschäftsstellen- und Zweigstellenleiter von Banken und Sparkassen, Nafa-Verlag, Nürnberg, monatlich ab Oktober 1986
Claus Kulich	Bankdienstleistungen erfolgreich verkaufen, Expert-Verlag, Grafenau 1982
Matthias Metz	Kundenfreundliches Verhalten als qualitatives Instrument des Bankbetriebs, Knapp-Verlag, Frankfurt 1985
Ignaz Reisenbichler	Verkaufen in der Bank mit Erfolg, Fachverlag der WU Wien, Wien 1986
Klaus Rischar	Erfolgreich führen in der Bank, Expert-Verlag, Ehningen 1987
Schmidbauer/Weinkamm	Management und Führung im Bankbetrieb – Persönliche Managementmethoden, Expert-Verlag, Grafenau 1981

2. Allgemeine Literatur

Blanchard/Johnson	Der Minuten-Manager, Rowohlt-Verlag, Reinbek 1983
Blanchard/Zigarmi	Der Minuten-Manager: Führungsstile, Rowohlt-Verlag, Reinbek 1986
Erich N. Detroy	Wie man mit Brief, Telefon und Erstbesuch neue Kunden systematisch und dauerhaft gewinnt, Verlag moderne industrie, 2. Auflage Zürich 1984
Peter Ebeling	Verkaufskanonen Erfolgsrezepte, Englisch-Verlag, Wiesbaden 1982
Edgar K. Geffroy	Verkaufserfolge auf Abruf – Die 1-Seiten-Methode, Verlag Moderne Industrie, Landsberg 1987
Thomas Gordon	Manager-Konferenz – Effektives Führungstraining, Hoffmann und Campe, Hamburg 1979
Harry Holzheu	Souverän verhandeln, Mc. Graw-Hill, Hamburg 1986
Johnson/Wilson	Das Minuten-Verkaufstalent, Rowohlt-Verlag, Reinbek 1985
Kunz/Mehler	Wie Profis motivieren – Macht und Magie getesteter Motivationstechniken, Verlag moderne industrie, Landsberg 1987
Alexander-Andreas Lane	Die hundert Gesetze erfolgreichen Verkaufens, Wirtschaftsverlag Langen-Müller/ Herbig, München 1982
Peters/Waterman	Auf der Suche nach Spitzenleistungen – Was man von den bestgeführten US-Unternehmen lernen kann, Verlag moderne industrie, Landsberg 1983
Rodgers/Shook	IBM – Einblick in die erfolgreichste Marketingorganisation der Welt, Verlag moderne industrie, Landsberg 1986
Weisbach/Eber-Götz/ Ehresmann	Zuhören und Verstehen – Eine praktische Anleitung mit Übungen, Rowohlt-Verlag, Reinbek 1981
Weisbach/Ehresmann	Reden und Verstandenwerden, Fischer-Verlag, Frankfurt 1987

Stichwortverzeichnis

Abfertigungsroutine, 153
Abhängigkeit, 142
Abhebung, 192
Abkürzungen, 17
Ablehnung, 43, 52
Absatzerfolg, 183
Abschluß, 229
Abschlußentscheidung, 59
Abschlußergebnisse eines Kollegen, 230
Abschlußinitiative, 146
Abschlußmethode, 144, 146
–, Alternativfragen, 135
–, Bestätigen, 133
–, Empfehlen, 131
–, Taktik der falschen Wahl, 146
–, Teilentscheidungen, 144
Abschlußquoten, 73
Akquisitionsmittel, 64
Aktion, zweistufige, 67
Aktionen, 43, 83, 87
Alternativfrage, 52, 109, 135
Alternativtechnik, 135
Anerkennung, 106, 188
Anerkennungsgespräch, 188
Angebot, begrenztes, 81
Angebotsübersicht, 208
Anregungen, 177
Ansprache im Kundenraum, 41, 129
Ansprachеanlaß, 192
Ansprachemöglichkeiten, 40
Ansprechpartner, 210
Anwaltsverhalten, 106
Arbeitsorganisation, 178
Arbeitsplatz, 115
–, Organisation, 116
Arbeitstechniken, 203
Argumentation, 121, 148
–, partnerorientierte, 124
Aspekte, personenbezogene, 194
Atmosphäre, 73
Aufforderungen, 147
Aufhänger, 86
Aufmerksamkeit, 98
Aufträge, verlorene, 85
Aufwandsteuerung, 182
Auslage, 91
Ausstieg
–, Initiative zum, 72
–, Leitfaden zum, 72

Bank-Chinesisch, 126
Bankfachbegriffe, 17, 126
Bankmitarbeiter, 37
Bankverbindung, 57
Beamte, 33
Bedienung des letzten Kunden, 92
Begriffskultur, kundenorientierte, 153
Belehrungen, 148
Beleuchtung, 91
Berater, 32, 34, 62, 150
Beraterplatz, 231
–, Erscheinungsbild, 231
Beraterplatz-Check-Up, 231
Beratung, objektive, 212
Beratungsplatz, 112
Beratungsqualität, 38
Beschwerde, 217
Besprechungszimmer, 217
Bestätigen, 133
Betreuung, aktive, 206

Betreuungsanlässe, 222
Betreuungsanrufe, 25
Betreuungskonzept, 63, 129, 221
Betreuungsmittel, 129
Betreuungsziele, 222
Betriebsklima, 178
Beziehungen, 102
Brief, 235
Briefaktionen, 236
Bringschulden, 179
Broschüre, 60
Brücken, goldene, 154

Chef, 199
Cross-Selling-Quote, 228

Dank im Gespräch, 111
Delegation, 106
Demonstration, 58
Demotivation, 200
Denken, positives, 123, 182
Dienstnummer, 215
Direct-Mail, 235
Diskretion, 231

Effizienz-Formel, 116
Ehepartner, 29
Einmalgeschäfte, 140
Einstellung, 102
–, verkäuferische, 37
Einwand-Argumentation-Übersicht, 68 f.
Empfehlung, 131, 234
Empfehlungsstrategie, 111, 129
Engagement, 182
Entscheidungskriterien, gefühlsmäßige, 212
Entschuldigungsform, 160
Erben, Generation von, 76
Erfahrungsaustausch, 49, 73
Erfolgsbilanz, 198, 226
Erfolgsklima, 198
Erfolgsquoten, am Telefon, 73
Ergebnisorientierung, 196
Ergebnisse, Sicherung, 170
Erinnerungsschreiben, 93
Erreichbarkeit, 215
Ertragssteuerung, 182
EVA-Formel, 50

Fairness, 107
Faschingsdienstag, 87
Festtage, 42
Filiale, Erscheinungsbild, 115
Filmvorführung, Wall Street, 94
Firmen-Ansteckzeichen, 210
Firmenkreditgeschäft, 140
fishing-for-compliments, 150
Flip-Chart, 55
Folgetermin, 229
Formulare, 139
Formulareinsatz, 139
Formulierung, bildhafte, 28
Fragen, 138, 176
Freizeitkleidung, 95
Freundlichkeit, 119, 193
Frühlingsbeginn, 87
Führen, 163, 190
Führungsaufgaben, 182
Führungsinstrument, 196
Führungskraft, 173, 181
Führungsschwäche, 179
Führungsstil, 183

Gefühle, 212
Generation von Erben, 76
Geschäftsabschluß, 73
Geschäftsbeziehung, 81
Geschäftspartnerschaft, 37, 143, 193
Geschäftsstelle, 92, 181, 210
Geschenkidee, 42
Gesprächsanlaß, 50
Gesprächsatmosphäre, 217
Gesprächseinstieg, 19
Gesprächsführung, 29
Gesprächsinitiative, 46
Gesprächsziel, 80
Gewinne, 104
Großzügigkeit, 100
Grundeinstellung, 195

Hausbesuche, 19, 34
Hilfestellung, 40
Hilfsbereitschaft, 100, 119
Hilfsmittel, 55
–, Anordnung, 117
Höflichkeit, 193
Holschulden, 179

Ideen, 205
Ideen-Box, 237
Ideenfindung, 171
Identifikation, 181
Information, 49, 80, 105, 179, 182, 186, 237
–, außergewöhnliche, 179
–, handschriftliche, 60
Informationsbedarf, 131
Initiative, 29
Innendienst, 35

Ja-Fragen-Straße, 144
Jahr, neues, 87
Jahreswechsel, 74
Jugendmarkt, 101
Jungvermählte, 57

Kassierer, 42
Kaufsignale, 133
–, nonverbale, 133
–, verbale, 133
Kleiderordnung, 95
Kleiderordnung, ungeschriebene, 97
König Kunde, 193
Körpersprache, 212
Kollegen, 48, 167
–, alte, 167
–, neue, 167
Kommunikation, 105, 182
Kompliment, 151
Konditionen, bessere, 154
Konsumentenkredite, 140
Kontaktaufnahme, 57
Kontaktchancen, 80
Kontaktformen, 128
Kontakthäufigkeit, 224
Kontaktinhalte, 128
Kontoauszugsmappe, 74
Kontoeröffnung, 228
Kontoüberziehungen, 93
Kontrolle, 198
Kostenkontrolle, 219
Kreativität, 182
Kredite, Verkauf, 137
Kreditentscheidung, 141
Kreditfall, 141
Kreditgeschäfte, 140
Kreditgespräch, 156
Kreditgewährung, 137, 152
Kreditkunden, 140
Kreditverkauf, 137
Kreditwunsch, 158
Kritik, 165
Kritikgespräch, 188, 202
Kritisieren, Elemente des wirksamen, 165
Kunde, 74, 78, 92, 114, 167, 192, 199
–, älterer, 101
–, durchschnittlicher, 61, 129
–, erfolgreicher, 62
–, unangenehmer, 113
–, Weg zum, 219
–, wichtiger, 61
Kundenansprache,
–, aktive, 46, 48, 50
–, aktive, Ansatzpunkte, 48
–, aktive, Ausstieg, 52
–, telefonische, 73
Kundenbeobachtung, 78
Kundenbesuche, 19, 21, 129
Kundenbetreuung, 66, 221, 227
–, aktive, 234
–, aktive, per Telefon, 207
–, telefonische, 80
Kundenerwartungen, 108 f.
Kundeninformation, 226
Kundenkartei, 78, 130, 222
–, Ergänzungsblatt, 225
Kundennutzen, 17, 35
Kundenorientierung, 35
Kundenraum, 55
Kundensignale, 48
Kundenveranstaltung, 76
Kundenvorteil, 81
Kundenwunsch, 37
Kundenzuführung, 48

Leistung
–, Anerkennung, 198
–, provisionsabhängige, 62
Lenkung
–, kundenbezogene, 183
–, produktbezogene, 183
–, verhaltensbezogene, 184

Lieblingskunde, 98
Lob, 165, 188
Lob, Elemente des wirksamen, 165
Lösung, kundenorientierte, 200
Lösungsvorschläge, 197
Loyalität, 181

Management
–, Entscheiden, 190
–, Kontrollieren, 190
–, Planen, 190
–, Realisieren, 190
–, Ziele setzen, 190
Management-Regelkreis, 190
Mannschaftsgeist, 184
Markt, 102
Marktstellung, 104
Merk-Karte, 205
Mißerfolg, 43
Mitarbeiter, 25, 62, 102, 165, 167, 171, 177, 199, 201, 221
–, ausscheidende, 177
–, Fehler, 188
–, Freiräume der, 184
–, Kompetenz der, 107
–, Lob der, 188
–, Motivation der, 171
–, Verhalten der, 107
–, Wechsel der, 167
Mitarbeiterbesprechung, 27, 106, 119, 171, 176, 187, 195 f., 200
Mitarbeiterfluktuation, 177
Mitarbeiterführung, 169, 185
Mitarbeitergespräch, 105, 186, 200
Mitarbeiterwechsel, 168
Mittagspause, 115
Motivation, 105, 173, 175
–, durch Ausgleichsaktiväten, 174
–, durch Kunden, 174
–, durch Mitarbeiter, 174
–, durch persönliche Erfolge, 173
Münzen, 42
Mund-zu-Mund-Propaganda, 26
Muster, 58
Muttertag, 87

Nachfaßaktionen, 210, 235
Nachfaßtelefonat, 235
Nachwuchsmarkt, 62
Name, 40
Namensschild, 40, 210, 232
Negativargumentation, 176
Neujahr, 87
Nichtbeachtung, 113
Nichtkunden, 57, 63
Nicht-Nicht-Kommunikation, 113
Notizen, 217
Nutzen, 31, 193

Ordnung, 231

Präsentation, 171
Preis, 31
Preisargumentation, 31
Prestigeverlust, 199
Prinzip Hoffnung, 184
Privattelefonnummern, 215
Problemkunden, 61
Produkte, Ablauf, 81
Prospekt, 58, 60, 115
Prospektständer, 231

Raucher, 115
Reaktionsquote, 23
Rechtfertigungen, 148
Referenzgeber, 234
Reklamationen, 160
Routine-Informationen, 179

Sachbearbeiter, 34
Sauberkeit, 231
Schalterbeamte, 32
Selbstbedienung, 128
Servicebereitschaft, 100
Serviceleistungen, 81
Sicherheiten, 156
Sie-Stil, 124
Sitzposition, 112
Sommeraktivitäten, 83
Sparen mit Versicherungsschutz, 67, 69
Sprache, 153
–, kundenorientierte, 124
Standardleistungen, 62

Statussymbol, 64
Streicheleinheiten, 174

Talent, 102
Teambesprechung, 196
Teilabschluß, 229
Teilentscheidungen, 144
Telefon, 66, 206, 215, 235
–, als Verkaufsinstrument, 206
Telefonabteilung, 67
Telefonagentur, 67
Telefonaktionen, 27, 43, 206, 236
Telefonate, aktive, 26
Telefonhalbtag, 206
Telefonkontakt, 28
Telefonkosten, 219
Telefonleitfaden, 66, 67
Telefonnummern, 215
Telefonstunde, 206
Telefontag, 206
Telefonverkauf, 219
Telefonzeit, 206
Termin, 82, 229
–, Folgetermin, 229
Terminkalender, 169
Terminvereinbarung, 19, 66, 73, 80, 135
Testbesuch, 112
Transparentunterlage, 232

Überraschungsbesuche, 19
Übersetzungen, 126
Übersichtsprospekt, 58, 208, 232
Überziehung, 93
Umgangsformen, 193
Urlaub, 83

Valentinstag, 87
Veranstaltung, 91, 129, 210
Verantwortung, 213
Vereinbarung, 170
Verkäufer, 32, 36, 213
–, Angst des, 43
Verkauf
–, aktiver, 25
–, Hilfsmittel, 215
– per Telefon, 25
Verkaufen, 15
–, aktives, 142
Verkaufsaktion, 65, 235
Verkaufsbesprechung, 21, 230
Verkaufsbrief, 235
Verkaufserfolge, 45
Verkaufsförderung, 53
Verkaufsförderungsaktionen, 83
Verkaufsorientierung, 152
Verkaufstätigkeit, 182
Verkaufsunterstützung, 38
Vermittler, 81
Vermögensanlage, 38
Vermögensberatung, 76
Verneinung, 123
Verteidigungsargumentation, 201
Vertiefungsfrage, 52
Vertrauen, 106, 213
Vertretung, 118
Verwaltungsabteilungen, 152
Videofilme, 94
Visitenkarte, 64, 111, 233, 234
Visualisierungsmöglichkeiten, 21
Vorbereitung, 46
Vorbildwirkung, 171
Vorwand, 29

Wachstum, 104
Wall Street, 94
Wartezeiten, 114
Weihnachten, 42
Weiterempfehlung, 111
Weltspartag, 65
Werbebriefe, 23
Wettbewerb, 33
Wettbewerber, 62
Wettbewerbsangebot, 85
Widerstände, 176
WIE-Argumentation, 44
WIR-Gefühl, 184
Wissen, 103
Worte, 212
Wortwahl, 141
Wunschkinder, 63
Wunschkunden, 63

Zeit, 169
Zielvorstellungen, 172
Zins, 141
Zinsniveau, 148

Zuhören, 107
Zusammenfassung, 133
Zusatzbedarf, 26, 208
Zusatzinformation, 52
Zusatzleistungen, 228
Zusatzverkauf, 61, 140, 208, 234
–, Aufhänger für, 234
–, Einstieg zum, 232
Zweigstelle, 26, 74, 89, 91, 112, 113, 119, 169, 220, 231
Zweigstellenleiter, 61, 102, 167, 173, 199
Zweitbankverbindungen, 118

Übersicht über die bisher erschienenen Tips und Kommentare

Erfolgreicher Führen & Verkaufen in der Zweigstelle – Monatliche Praxistips für Filial-, Geschäftsstellen- und Zweigstellenleiter von Banken und Sparkassen

Ausgabe	Tip	Themenbereich	Titel
10/1986	–	Kommentar	Warum sind manche Zweigstellenleiter erfolgreicher als andere?
	001	Zweigstelle	Was kostet Sie 1 Minute Großzügigkeit?
	002	Verkaufshilfen	Geheiminformation für Kassierer?
	003	Argumentation	Verteidigen Sie Ihre Preise?
	004	Arbeitstechniken	Können Sie sich alles merken?
	005	Verkaufsförderung	Kann man am Weltspartag eine Verkaufsaktion machen?
11/1986	–	Kommentar	„Der durchschnittliche Kunde"
	006	Verkaufen	Wissen Sie schon, was Sie zu Weihnachten schenken werden?
	007	Argumentation	Positiv denken und formulieren
	008	Führen	Wann haben Sie zum letzten Mal einen Ihrer Mitarbeiter gelobt?
	009	Arbeitstechniken	Empfehlungen einholen
	010	Verkaufsförderung	Was machen Sie, wenn Sie einen Kunden schon lange nicht mehr gesehen haben?
	011	Verkaufsförderung	Zum Jahreswechsel
12/1986	–	Kommentar	Sind Sie Beamter oder Verkäufer?
	012	Verkaufsförderung	Was brauchen Ihre Kunden zum Jahresbeginn?
	013	Argumentation	Verwenden Sie den Sie-Stil?
	014	Führen	Ein Mitarbeiter wechselt
	015	Arbeitstechniken	Telefonkosten
	016	Verkaufen	Wie erreichen Sie, daß Ihre Werbebriefe persönlicher werden?

	–	Bericht	Der Bank-Mitarbeiter ist die Basis des Bankgeschäftes
01/1987	–	Kommentar	Werden Sie von Ihrer Bank regelmäßig über Neuigkeiten informiert?
	017	Verkaufsförderung	Wissen Sie, daß eine Generation Erben auf Sie zukommt?
	018	Argumentation	Übersetzen Sie „Bank-Chinesisch“
	019	Führen	In dir muß brennen, was du in anderen entzünden willst!
	020	Verkaufen	Kundenbesuche
	021	Argumentation	Abschlußmethode 1: Empfehlen
	022	Argumentation	Abschlußmethode 2: Direkt Bestätigen
	023	Zweigstelle	Welches Datum ist heute?
02/1987	–	Kommentar	Selbstbedienung – und jetzt?
	024	Arbeitstechniken	Telefontag und Telefonstunde
	025	Verkaufen	Mitarbeiterbesprechung zu Kundenbesuchen
	026	Verkaufshilfen	Wirkungsvoll demonstrieren
	027	Argumentation	Abschlußmethode 3: Zusammenfassen
	028	Führen	Kontrollieren Sie sich einmal selbst
	029	Zweigstelle	Sind Sie bereit, 5 Minuten Ihrer Mittagspause zu opfern?
	030	Verkaufen	Kommen Ihnen auch die Kunden im Preisgespräch entgegen?
	031	Veranstaltungen	Laden Sie zu Ihrem Geburtstag Ihre Kunden in Ihre Geschäftsstelle ein?
03/1987	–	Kommentar	Wer wird bei Ihnen verwaltet?
	032	Argumentation	Abschlußmethode 4: Alternativfragen stellen
	033	Zweigstelle	Sitzposition
	034	Führen	Wirksame Kritik
	035	Verkaufshilfen	Verlorene Aufträge
	–	Bericht	In eigener Sache

04/1987	–	Kommentar	Muß man bei einer Bank wirklich im Sommer und Winter einen dunklen Anzug mit weißem Hemd und Krawatte tragen?
	036	Führen	Wirksames Lob
	037	Kundenservice	Wie halten Sie es mit dem Dank?
	038	Veranstaltungen	Möchten Sie in der Regionalzeitung abgebildet werden?
	039	Verkaufshilfen	Wieviel Informationsmaterial werfen Sie eigentlich weg?
	040	Verkaufen	„Ich muß erst meine Frau fragen“
	041	Argumentation	Abschlußmethode 5: Ja-Fragen
	042	Arbeitstechniken	Was man aufschreibt, kann man nicht vergessen
05/1987	–	Kommentar	Wie kommen wir künftig zu Kundengesprächen?
	043	Veranstaltungen	Warum vergessen viele Kunden Einladungen zu Veranstaltungen?
	044	Verkaufshilfen	Es gibt nicht nur Wunschkinder, es gibt auch Wunschkunden
	045	Zweigstelle	Sehen Sie sich gelegentlich Ihre eigenen Auslagen an?
	046	Führen	Ausscheidende Mitarbeiter
	047	Argumentation	Abschlußmethode 6: Teilentscheidungen
	048	Zweigstelle	Sind Sie auf die Pfingstferien vorbereitet?
06/1987	–	Kommentar	Berater oder Verkäufer?
	049	Verkaufsförderung	Aktionen auch in den Sommerferien?
	050	Führen	Sprechen Sie über Möglichkeiten statt über Unmöglichkeiten!
	051	Argumentation	Abschlußmethode 7: Taktik der falschen Wahl
	052	Kundenservice	Wie verabschieden Sie sich von Ihren Kunden?

	053	Veranstaltungen	Alt und vergessen?
	054	Arbeitstechniken	Aufschreiben statt anschreien!
07/1987	–	Kommentar	„Der Kunde ist König!“
	055	Arbeitstechniken	Brief und Nachfaßtelefonat
	056	Führen	Kontrolle oder Erfolgsbilanz?
	057	Kundenservice	Verabschieden Sie sich von Ihren Kunden, wenn Sie in Urlaub gehen?
	058	Verkaufsförderung	Salz und Brot
	059	Verkaufen	Formulieren Sie am Telefon „bildhaft“
	060	Argumentation	Abschlußmethode 8: Auffordern
08/1987	–	Kommentar	Wer motiviert den Zweigstellenleiter?
	061	Zweigstelle	Rufen Sie mal in Ihrer Zweigstelle an!
	062	Verkaufsförderung	Automodelle in der Zweigstelle?
	063	Argumentation	„Sparen lohnt sich nicht mehr!“
	064	Führen	Der Management-Regelkreis
	065	Kundenservice	Wegen einer Überziehung von DM 500,— bekomme ich sofort von meiner Bank ein Erinnerungsschreiben
	066	Argumentation	Abschlußmethode 9: Zustimmung zum Prinzip
09/1987	–	Kommentar	Wann nutzen Sie und Ihre Mitarbeiter die Chance des Telefons zum aktiven Verkaufen?
	067	Arbeitstechniken	Zusatzverkäufe über die „Angebotsübersicht“
	068	Verkaufen	Kredite aktiv verkaufen
	069	Argumentation	Abschlußmethode 10: Plus-Minus-Methode
	070	Kundenservice	Die 2. Kasse wird geöffnet
	071	Arbeitstechniken	Was man bei Veranstaltungen leicht vergißt!

	072	Zweigstelle	Wann sind Sie das letzte Mal nachts bei Ihrer Zweigstelle vorbeigefahren?
10/1987	–	Kommentar	Wie Sie bis Weihnachten zu 40 zusätzlichen Kundengesprächen kommen!
	073	Verkaufen	Aktive Kundenansprache 1: Bereiten Sie sich vor!
	074	Führen	„... und jetzt stehe ich im Regen!"
	075	Argumentation	„Sie müssen schon entschuldigen"
	076	Kundenservice	Begleiten Sie Ihre Kunden?
	077	Verkaufshilfen	„Lesen Sie bitte insbesondere Punkt 2 auf Seite 3!"
	078	Zweigstelle	Wie wird der letzte Kunde bedient?
	–	Beilage	Arbeitsbogen
11/1987	–	Kommentar	Wie Sie „ehrlichere" Meinungen Ihrer Mitarbeiter bekommen
	079	Verkaufen	Aktive Kundenansprache 2: Gewinnen Sie Ihre Kollegen!
	080	Argumentation	„... dann gehen Sie am besten zur anderen Bank!"
	081	Verkaufsförderung	Kommt der Nikolaus auch in Ihre Geschäftsstelle?
	082	Kundenservice	„Der Lieblingskunde!"
	083	Kundenservice	Das kleine Extra
12/1987	–	Kommentar	10 Tips für die telefonische Kundenbetreuung
	084	Führen	„Was wollen Sie mit dem Geld machen?"
	085	Kundenservice	„Ist nicht da"
	086	Verkaufen	Aktive Kundenansprache 3: Gewinnen Sie Ihren Kunden für das Gespräch!
	087	Verkaufen	Den Preis ans Ende schieben!
	088	Verkaufsförderung	Wann kann man mit Ihnen auf das neue Jahr anstoßen?
	–	Bericht	Regeln für den Filialleiter

01/1988	–	Kommentar	Zum Jahresanfang: Beraterplatz-Check-Up
	089	Argumentation	Gesprächsführung 1: Direkte und indirekte Steuerung
	090	Argumentation	Gesprächsführung 2: Offene und geschlossene Frage
	091	Verkaufsförderung	Konsumentenforschung: Wer entscheidet bei Geldanlagen?
	092	Arbeitstechniken	Was tun Sie, wenn eine Kollegin, ein Kollege besonders gute Abschlußerfolge hat?
	093	Verkaufen	Aktive Kundenansprache 4: Ablehnung
02/1988	–	Kommentar	Wovor haben Verkäufer beim Verkaufen die meiste Angst?
	094	Argumentation	Gesprächsführung 3: Informationsfrage
	095	Verkaufshilfen	Das Auge des Kunden ansprechen
	096	Argumentation	Wann zahlen Sie den Kredit aus?
	097	Verkaufen	Nutzen verkaufen
	098	Arbeitstechniken	Privat- oder Dienstnummer?
03/1988	–	Kommentar	Konsumentenkredite – Spiel mit Handicap?
	099	Argumentation	Gesprächsführung 4: Alternativ- oder Entscheidungsfrage
	100	Verkaufsförderung	Hunderte Ihrer Kunden gehen über Ostern in Urlaub
	101	Verkaufshilfen	Flip-Chart
	102	Führen	„Warum haben Sie mir das nicht vorher gesagt?"
	103	Verkaufen	Verkaufen Sie Beratungsqualität
04/1988	–	Kommentar	„Was ich nicht weiß, macht mich nicht heiß ..."
	104	Argumentation	Gesprächsführung 5: Wenn-Dann-Fragesatz

	105	Verkaufshilfen	Visitenkarten: Statussymbol oder Akquisitionsinstrument?
	106	Verkaufen	Ansprache im Kundenraum
	107	Veranstaltungen	Wall Street
	108	Zweigstelle	Effizienz-Formel
	109	Kundenservice	Bedanken sich Ihre Mitarbeiter beim Kunden?
05/1988	–	Kommentar	Kundenbetreuung: Schlagwort oder System?
	110	Argumentation	„Ich bin schon zu alt!"
	111	Argumentation	Gesprächsführung 6: Rhetorische Frage
	112	Verkaufsförderung	Wer setzt sich bei Jungvermählten bei der Bankverbindung durch?
	113	Verkaufen	Ansprache im Kundenraum
	114	Argumentation	„... und jetzt brauche ich noch Sicherheiten von Ihnen"
	–	Beilage	Ergänzungsblatt zur Kundenkartei
06/1988	–	Kommentar	Geschäftsbriefe – eine Visitenkarte der Zweigstelle?
	115	Argumentation	Gesprächsführung 7: Suggestivfrage
	116	Verkaufen	Kontrollieren Sie regelmäßig die neueröffneten Girokonten?
	117	Führen	Das Mitarbeitergespräch
	118	Führen	Wann muß sich ein Mitarbeiter verteidigen?
	119	Arbeitstechniken	Unser nächster Termin!
07/1988	–	Kommentar	Gibt es objektive Beratung?
	120	Argumentation	Gesprächsführung 8: Kontrollfrage
	121	Verkaufen	Entgangene Chancen sind „teuer"!
	122	Kundenservice	Warum freut sich ein Kunde über Ihren Besuch?
	123	Zweigstelle	Volle Aschenbecher!
	124	Führen	Die Mitarbeiterbesprechung

Die Autoren

Günther Geyer

Dipl.-Kfm. Günther Geyer, Jahrgang 1951, ist selbständiger Management- und Verkaufstrainer sowie Unternehmensberater. Er leitet das Trainings- und Beratungsteam GEYER & PARTNER in Bensheim/Bergstraße.

Nach dem Studium sammelte er Erfahrungen im Wertpapier- und im Kreditgeschäft einer überregionalen Geschäftsbank. Über eine erfolgreiche Marketingarbeit wurde er Weiterbildungsleiter in der Kreditwirtschaft. Seit 1980 arbeitet er freiberuflich.

Heute gehört er zu den führenden Trainern im deutschsprachigen Raum. Er betreut vor allem Kreditinstitute und Verbände der Kreditwirtschaft von Hamburg über Frankfurt bis nach Wien. Führungs-, Verkaufs- und Mitarbeitertrainings sowie vertriebs- und trainingsorientierte Beratungen gehören zu seinem Leistungsangebot.

Günther Geyer ist gern gesehener Gastredner bei Kongressen und Kundenveranstaltungen. Er hat eine lange Reihe von Artikeln in Fachzeitschriften veröffentlicht. Seine Fachbücher *„Das Beratungs- und Verkaufsgespräch in Banken – Bankleistungen erfolgreich verkaufen"* und *„Telefonpraxis in Banken – Kunden besser betreuen, Leistungen erfolgreicher verkaufen"* sind inzwischen Standardwerke zum Verkauf von Bankdienstleistungen geworden.

Seit Oktober 1986 bildet er mit Wolfgang Ronzal die Redaktion für den monatlichen Praxisdienst *„Erfolgreicher Führen und Verkaufen in der Zweigstelle – für Filial-, Geschäftsstellen- und Zweigstellenleiter von Banken und Sparkassen"*.

Wolfgang Ronzal

Wolfgang Ronzal, Jahrgang 1942, ist in der Ersten österreichischen Spar-Casse-Bank Leiter für Marketing und Werbung sowie Verkaufsleiter für mehrere Geschäftsstellen. Das Wiener Kreditinstitut hat 1988 eine Bilanzsumme von ca. 20 Mrd DM, beschäftigt rund 2.800 Mitarbeiter und unterhält 116 Geschäftsstellen in Österreich.

Wolfgang Ronzal trat nach dem Abitur 1960 in Die Erste österreichische Spar-Casse-Bank ein und sammelte praktische Erfahrungen im Zweigstellengeschäft und im Außendienst. An der Wirtschaftsuniversität Wien absolvierte er den Hochschullehrgang für Werbung und Verkauf. 1967 wurde er Geschäftsstellenleiter, 1973 baute er die Abteilung Absatzunterstützung und Verkaufsförderung auf. Er übernahm 1983 als Filialdirektor die Verkaufsleitung für 13 Geschäftsstellen. Seit Juli 1987 ist er Leiter für Marketing und Werbung sowie gleichzeitig auch Verkaufsleiter für die Geschäftsstellen eines Wiener Bezirks, um damit Konzeption und Praxis zu verbinden.

Seit zehn Jahren ist er nebenberuflich Referent an der Nürnberger Akademie für Absatzwirtschaft, bei der er folgende Seminare leitet:

- Angewandtes Marketing für den Zweigstellen-/Filialleiter
- Die Organisation, Führung und Aktivierung von Filialen/Zweigstellen durch die Zentrale
- Das Marketing von Banken und Sparkassen
- Erfolgreich Verkaufen in der Bank

Durch seinen Werdegang und seine Ausbildung gelingt es Wolfgang Ronzal, Wissenschaft und Praxis optimal zu verbinden. Er ist heute führender Experte für Bank-Marketing und -Verkauf im deutschsprachigen Raum. Als Redner bei Kongressen und Tagungen ist er gefragt; zu Führungskräftetrainings wird er gerne von deutschen Banken und Sparkassen eingeladen.

Seit Oktober 1986 bildet er mit Günther Geyer die Redaktion für den monatlichen Praxisdienst *„Erfolgreicher Führen und Verkaufen in der Zweigstelle – für Filial-, Geschäftsstellen- und Zweigstellenleiter von Banken und Sparkassen"*.

☐ Hat Ihnen dieses Buch gefallen?

☐ Möchten Sie auch zukünftig solche Tips für Ihre praktische Zweigstellenarbeit monatlich bekommen?

☐ Dann abonnieren Sie

erfolgreicher *Monatliche Praxistips*
Führen & Verkaufen
für Filial-, Geschäftsstellen- und Zweigstellenleiter von Banken und Sparkassen in der Zweigstelle

Dieser Dienst erscheint jeweils am 15. eines Monats.

Die Praxistips beschäftigen sich mit den Problemkreisen:

- Führen
- Argumentation
- Verkaufsförderung
- Verkaufen
- Verkaufshilfen
- Zweigstelle
- Arbeitstechniken
- Kundenservice
- Veranstaltungen

Verlangen Sie ein Angebot über den regelmäßigen Bezug bei:

Nafa
VERLAGS-GMBH

Hintere Ledergasse 23
8500 Nürnberg 1
Telefon (0911) 204206

Verkaufen ...? in Bank und Sparkasse

Günther Geyer

Das Beratungs- und Verkaufsgespräch in Banken

Bankleistungen erfolgreich verkaufen

3., überarbeitete Auflage 1986
254 S., geb., DM 54,–

Das Verhältnis zwischen Kreditinstitut und Kunde hat sich wesentlich gewandelt. Die Kundenorientierung von Banken und Sparkassen erfordert einen Mitarbeiter neuerer Prägung, der die vielfältigen Bankleistungen **aktiv verkaufen** kann.

Er muß neue Ansprachewege konsequent beschreiten, um auch Zusatzgeschäfte anzubahnen und abzuschließen. Das Buch zeigt, wie Sie im Selbsttraining lernen, Beratungs- und Verkaufsgespräche systematisch zu führen. Ihre Hemmungen bei der gezielten Ansprache von Kunden bauen Sie damit Schritt für Schritt ab. Sie erkennen, wie Sie durch „aktives Verkaufen" Ihre persönliche Verkaufs-Leistung steigern.

Günther Geyer

Telefonpraxis in Banken

Kunden besser betreuen – Leistungen erfolgreich verkaufen

1985, 167 S., geb., DM 54,–

Die stetig steigenden Kosten des klassischen Vertriebsapparates, der wachsende Druck verwandter Branchen auf das Kreditgewerbe und der härtere Wettbewerb in der Kreditwirtschaft verlangen neue, kostengünstige und erfolgreiche Vertriebswege. Dabei gewinnt das bewährte Hilfsmittel „Telefon" eine neue Bedeutung als wirtschaftliches Vertriebsinstrument.

Das Buch bietet Ihnen einen Überblick über die telefonische Kundenbetreuung und den Telefonverkauf in Kreditinstituten. Es enthält rund 50 Beispiele und zeigt damit das gesamte Spektrum der Telefonpraxis in Banken auf: von Kunden- und Berateranrufen über Gespräche mit potentiellen Kunden bis hin zur aktiven Akquisition.

Beide Bücher fassen die Arbeit und die langjährigen Erfahrungen des erfolgreichen Trainers **Günther Geyer** in Banken und Sparkassen zusammen.

Änderungen vorbehalten. Zu beziehen über den Buchhandel oder beim Gabler Verlag, Wiesbaden.

Betriebswirtschaftlicher Verlag Dr. Th. Gabler GmbH
Taunusstraße 54, 6200 Wiesbaden

GABLER

Das Standardwerk für Finanzfachleute

Das neue GABLER BANK-LEXIKON wird wiederum höchsten Ansprüchen gerecht: seine Benutzer nicht nur aus der Kreditwirtschaft, sondern auch in Industrie, Handel und Dienstleistungsunternehmen kennen und schätzen an diesem Standardwerk:

- die Fülle der Informationen u.a. zu den Themen: Aktienanalyse – Außenhandelsfinanzierung – Anlegerschutz – Baufinanzierung – Datenbankdienste – Finanzinnovationen – Mergers & Acquisitions – Personalwesen – Zahlungssysteme.
- die rund 5000 Insider-Begriffe und ihre aktuelle Definition, von „a-Ansprüche" bis „zyklische Werte".
- die neugeordneten Stichwortgruppen: u.a. Geld- und Devisenhandel – Hypothekarkreditgeschäft – Organisation, Automation, EDV.

Gabler Bank-Lexikon

Handwörterbuch für das Geld-, Bank- und Börsenwesen
10., vollständig überarbeitete und erweiterte Auflage, 1988, geb., in repräsentativer Ausstattung (Cabra-Ledervlies). 1200 Seiten, DM 178,–.

Jetzt auch in der 3-bändigen Taschenbuch-Ausgabe!

Gabler Bank-Lexikon

TASCHENBUCH-AUSGABE des GABLER BANK-LEXIKON in 3 Bänden, 1988, br., DM 78,–, mit dem redaktionellen Teil der 10. Auflage des GABLER BANK-LEXIKONS, der ungekürzt und unverändert übernommen wurde.

Änderungen vorbehalten.